唯《ゆい》言《ごん》

戦後七十年を越えて

山田悦子
関屋俊幸
弓削達
高橋宣光
玉光順正
高田千枝子

鹿砦社

唯言——戦後七十年を越えて

弓削達
高橋宣光
玉光順正
高田千枝子
関屋俊幸
山田悦子
編著

鹿砦社

出版によせての序

本来本書は、二〇一七年五月に三〇〇部数出した自費出版物でした。東京関西を中心に配布すると、全く考えていなかった、増刷を願う声が届きます。鹿砦社の松岡利康社長がその声に応えて下さったことで、『唯言』は日の目を見る書物になりました。松岡社長に心から謝意を表します。

折しも、二〇一八年六月一二日、シンガポールのセントーサ島において、トランプ米大統領と朝鮮民主主義人民共和国のキム・ジョンウン（金正恩）委員長による歴史的な会談が行われます。米朝会談は、両国の過去の歴史と深く結びついています。米朝会談が抱える歴史問題の検討をもって、《出版によせての序》と致します。

第二次世界大戦後の東西陣営対立の冷たい戦争が終結するも、朝鮮半島の鉄のカーテンは外されず、朝鮮半島は依然アジアの火薬庫でした。アジアの平和に関する問題の本当の原因は、朝鮮半島にあるのではなく、戦争遂行を目的とした、日米軍事同盟による軍事体制にあります。

政治評論家の山川暁夫氏は、「日本は戦後一貫してアメリカの軍事支配のもとにあり、そのアメリカは戦後多くの戦争に関与、介入してきました。とくにアメリカが自国の軍隊を派遣して戦った戦争のもっとも大きなものが朝鮮戦争とベトナム戦争だったことはいうまでもないことですが、この二つの戦争はいずれもアジアでやられた戦争でした。そのいずれにおいても直接の作戦・出撃・補給・兵站の基地になったのは、ヨーロッパの国々ではなく、わが日本だったのであり、日本はそこからの儲けによって再生し、成長し、肥大化してくることのできた条件を手に入れたのです。日本がかつてアジアを侵略したことについて誰ひとり否認する人はいませんが、じつは日本は戦後もまたアジア人の血の犠牲の上で成長してきたのです。日本はその実際において、戦後もまた最大の『戦争共犯国家』だったのであり『戦争国家』だったといわねばなりません。」（出典・『知らぬ間になにが起きているか　ガイドライン安保と中曽根政権を撃つ』発行編集・山川事務所・一九八六）と、指摘しています。

中曽根軍事路線の強化と進化を図り、戦争が完全に出来る国家に日本を仕上げた安倍晋三首相は、戦前を上回る軍事体制を用いてアメリカと一緒になって、アジアの平和を脅かし治安をかき乱しています。小泉政権下のイラク派兵を違憲だとして裁判に訴えた、自民党の元国会議員（田中角栄派）の箕輪登氏は、「イラク派兵の行き着く先は北朝鮮だ。困ったことになった。」と小樽のご自宅にお訪ねした時に言われていました。田中角栄氏の命でインドネシアに独立祝い金を持参した時、日本は何か企んでいるのではないかと疑り、受け取ろうとしなかったスカルノ大統領は、その時の自衛隊法を調べ日本に侵略の意図がないと解り、やっと受け取ったという話もされました。日本の侵略がアジアに与えた傷の深さについてのひとつの断想として、スカルノ大統領の対応はあります。

第三次世界大戦がいつ勃発してもおかしくない緊張状態にあった朝鮮半島において、二〇一七年、韓国民衆の「キャンドルデモ」が、パク・クネ（朴槿恵）政権を倒し、ムン・ジェイン（文在寅）氏という新たな大統領を誕生させます。新大統領は、朝鮮半島の完全な非核化と停戦中の朝鮮戦争の終結を目指し、行動を開始します。朝鮮半島の平和を純粋に願う打算のない、韓国の最高権力者の行動は、二〇一八年四月二七日の「朝鮮半島の平和と繁栄、統一に向けた板門店宣言」の南北会談を実現させ、二〇一八年六月一二日の米朝会談へと繋ぎます。

ネオリベラリズムが蔓延り跋扈する、人間精神の喪失した時代において、人間の正義を求め歴史に決然と立った韓国大統領の行動は、人間として優れた思想を持つ為政者の存在なくして、人類の平和は創造できないことを国際社会に説いています。ひとりのムン・ジェインも存在しない、また、存在したことがない日本は、朝鮮半島の歴史的な動きに対し、冷淡極まりない態度をとっています。

南北会談の舞台となった板門店・38度線は、日本の侵略統治時代の、関東軍と大本営（天皇直属の最高統帥部）の防衛分担ラインです。江華島条約から併合条約までの、朝鮮半島奪取の数々の日本侵略条約は、一九六五年の日韓条約で韓国とは解消したものの、国交樹立がない北朝鮮にはそのまま残っており、北朝鮮は法的に現在も日本の領土です。

冷戦構造崩壊後、この異常な北朝鮮との関係に終止符を打つため、北朝鮮との国交樹立を求め、健全な政治行動を起こした日本の政治家がいます。それは、当時自民党の副総裁であった金丸信氏です。金丸氏は、冷戦構造崩壊後に北朝鮮に何度も足を運び、交渉を重ねます。そして自民党団長として、社会党と外務省担当者を伴い訪朝し、一九九〇年二月二八日、「日朝関係に関する日本の自民党、日本社会党、朝鮮労働党の共同宣言」と題するコミュニケを発表します。次のような内容です。

《三党は、過去に日本が36年間、朝鮮人民に与えた不幸と災難、戦後45年朝鮮人民が受けた損失について、朝鮮民主主義人民共和国に対し、十分に公式的に謝罪を行い、償うべきであると認める。》

この宣言が履行されていたならば、拉致問題も解決されており、今と違い、どれほどまともな国家に日本はなっていたことでしょうか。しかしながら、日本の統治原理思想・国家無答責をあくまで遂行する政治勢力は、金丸氏を「政治と金」の問題で政権の座から引き摺り降ろし、宣言を歴史の闇に葬ってしまいます。悠久の歴史ある朝鮮という一国を日本は奪取し、その存在を歴史から消したように、再び北朝鮮との歴史的合意を歴史から消したのです。人道に悖ることを、日本はまたしてもやってのけます。日本の歴史から消すことができても、北朝鮮の歴史から消すことはできません。日本が北朝鮮に行った人間の正義に反する行為は、今は北朝鮮の歴史に刻まれるだけですが、朝鮮半島が統一した時、この日本の裏切りを韓国も共有することになります。ともに共同宣言を行うも、その後沈黙を決め込んだ社会党は、政権の共同ポストを手にします。

アメリカの国際法学者のフランシス・A・ボイル氏は、「核兵器と核抑止は、単に不道徳で違法なだけでなく、絶対的な犯罪である。」と、指摘します。核を保有の、アメリカ、ロシア、フランス、イギリス、中国、インド、パキスタン、イスラエルは、国際社会の絶対的犯罪国家です。北朝鮮の非核化宣言は、絶対的犯罪国家から「いち抜けたー。」ということになります。それと反対に日本は、いつでも核武装国家になれるところに到達しています。「フクシマ」を経験しながら原発政策を推し進める日本が、絶対的犯罪国家になるのも時間の問題と言えます。

フランシス・A・ボイル氏は、二〇一〇年九月四日、オーストリアのフェルトキルトで開催された「倫理への勇気（Mut Zur Ethic）・直接民主主義」の第一八回大会において、「帝国というものは、ひとつの政権が次の政権になったからといって変わるものではありません。米国の政府は、リベラルな帝国主義者、保守的な帝国主義者、あるいはネオコンのような反動的な帝国主義者、これらのいずれかによって運営されています。しかし、これらは皆、帝国主義者なのです。そして、彼らは、アメリカ帝国が神から権利を付与されていると信じています。これは米国の起源に立ち戻るものです。米国がどのように建国されたか思い出してください。ヨーロッパの白人入植者が北アメリカに渡り、数百万の先住民を殺戮し、彼らの土地を強奪し、帝国を作り上げたのです。このプロセスは、われわれがいま話をしている時点においても継続しています。」（『核抑止の理論　国際法からの挑戦』日本評論社・二〇一一）と述べています。

朝鮮戦争時にアメリカが北朝鮮に対し加えた爆撃の凄まじさを、朝日新聞社の元記者・梶谷喜久氏は、著書『日本とアメリカは朝鮮で何をしたか』（柘植書房・一九九〇）で次のように伝えています。

《朝鮮戦争の一特徴は、アメリカ空軍による抹殺作戦である。開戦直後のアメリカ側発表資料を見ると、50年7月24日の1日だけで、北朝鮮上空に２４８回の出撃が行われ、平壌に１３０トンの爆弾が投下された。８月８日には空母から艦載機が２０３回出撃し、同日、陸軍機は５０５回出撃した。このため、中国・朝鮮国境の鴨緑江にかかる鉄橋も破壊された。８月10日、アメリカ極東空軍はすべての目標が破壊されたので、首都と平壌を攻撃目標のリストから外すと声明した。こうしてアメリカ空軍は、太平洋戦争時の対日爆撃の爆弾量の三倍を上回る49万トンを北朝鮮に投下し、都市も村も廃墟と化したのである。……１９４９年から50年にかけて、アメリカが１９２９年の大恐慌の再来に怯えていたことがあげられる。『朝鮮でなくてもどこかで戦争が必要であった。朝鮮戦争は、アメリカ経済にとって一つの祝福であった。』との朝鮮派遣米第八軍司令官・バンフリート大将の言葉がこれを裏書きしている。》

朝鮮戦争は、日本経済にとっても一つの祝福でした。

アメリカ帝国と国民主権に衣更えした象徴天皇制・日本帝国の神、イエス神と天皇神が、神の祝福としてそれぞれの国民に与えたのが朝鮮戦争でした。アメリカと日本は、恥じることもなく、偉大なる神の足跡として、朝鮮戦争を人類の歴史に刻んだのです。

イギリスの歴史学者のE・H・カーは、「歴史は、現在と過去との対話である。」との指摘を行っています。二〇一八年六月一二日の米朝会談は、縷縷述べて来た以上のような過去の歴史事実を対話として紡ぎ出します。

二〇一八年七月

山田　悦子

唯言

目次

出版によせての序　3
はじめに　12
Ⅰ　巻頭記念講演「ローマ帝国から日本帝国を見る」弓削　達　15
Ⅱ　座談会第１部「戦後七十年」とわたし（プロフィール紹介を兼ねて）　31
Ⅲ　座談会第２部　戦後七十年と日本国憲法七十年　59
Ⅳ　それぞれの戦後七十年、憲法七十年　101
元日本兵士に聞く　高橋　宣光　102
私の大切な出会いと答責の思想　高田千枝子　124
きわめて個人的な親鸞思想と戦後七十年　玉光　順正　134
私の考える答責　関屋　俊幸　148

資料編　157

日本国憲法全文　159
あたしい憲法のはなし　179
大日本帝國憲法　208
教育勅語　215
軍人勅諭　216
太平洋戦争の宣戦詔書／日露戦争の宣戦詔書／日清戦争の宣戦詔書　220
幕末・明治維新以降の主な戦争　229
戦後の世界における戦争・紛争　230

あとがき　234

さし絵・岡本富美男

はじめに

昨年（二〇一六年）の秋頃だったか、私の住んでいる神戸市長田区で「朝鮮人出ていけ」と連呼する集団に出会った。人数は二十人ほどで、リーダーらしき男性が憎しみを込めてがなり立て、その声は拡声器で増幅されて、立ち並ぶマンション群に反射し響き渡った。他のメンバーは行き交う通行人にビラを配って回っているのだが、こちらは驚くほど静か。むしろ礼儀正しいといってもいいくらいだった。こんなひどいことがよく言えるな……と怒りをこらえ切れない一方で、ヘイト演説の内容とは似ても似つかぬ普通の若者の姿との落差に驚かされた。

ニュースなどで異民族に対するヘイト活動を知ってはいたが、一部であろうが信じ込み、扇動される光景を目の当たりにして不意を突かれた。戦後七十年にして、日本が音を立てて変質する様を進行形で目撃した思いがした。

富める者と貧しい者との生活格差が広がる社会。正規雇用よりも非正規雇用者が多くなり、働く者は資本の都合で簡単に切り捨てられる。生活の安定どころか命の保証さえもない社会。競争も激しくなり、企業も勝ち組、負け組とくっきり分かれ、サービス残業、賃金不払いは珍しくもない。違法が常態化してブラック企業なる言葉も出てきたほどだ。
こうして産み出された社会不安はたちどころに若い世代に伝播する。ヘイト活動も若い世代が担っているそうだが、未来を担う若い世代のヘイト活動は本当に痛々しい光景だ。社会の中に漠然とした怒り、不満が溜まっていき、その矛先がマイノリティ、異端者、社会的弱者に向けられていく。私を含む中高年世代も似たような状況に置かれている。まさに、社会の底が抜けつつある状況だ。

人間が政治を作るのか、政治が人間を作るのか、簡単に答えは出せないが、いずれにしても日本は戦争をする国になろうとしている。昨年（二〇一六年）、自民・公明の賛成のもと強行採決で成立した安全保障関連法は集団的自衛権を容認し、理論的には世界のどこへでも自衛隊を送り込むことができるようになった。もはや「自衛隊」ではなくなり、「遠征軍」になろうとしている。憲法9条の理念の完全なる否定である。改憲手続きなしの憲法「改正」である。

かつて日本は朝鮮、中国を侵略し、ついにはアジア太平洋地域を戦場にした侵略戦争を繰り広げた。侵略責任を取ってきたドイツと違い、私たちの国は侵略責任を十分取って来なかった。学校教育の場でも侵略の歴史、戦争の実相を教えることもなく時間を積み重ねてきた。アジアの許しを請う努力は不十分なまま時間が過ぎ、ついには侵略の反省などくそ食らえとでも言わんばかりの現在の状況に至っている。過去の歴史に対する責任を果たさないで、いったい未来はどうなるのか。暗澹たる思いだ。

今回の「唯言」はこうした歴史の歯車が逆回転している現在の状況に危機感を抱き、何とかできないかと考える者たちが集まって企画したものだ。六十代から七十歳代までのもはや若者とは言えない者たちだ。なにせ人生の半分以上、いやそれ以上を生きて、体力的にはちょっと……という年代に達している。けれど口は元気、達者。おかしいことはおかしいと訴え続ける気力、活力もある。しかもそれぞれの者は様々な分野で活動してきて、経験豊富ときている。胸にたまっている思いを吐き出したい……こうした思いで集まり、一人ひとりの思いを冊子としてまとめることとなった。

もちろん皆の意見が同じということではない。議論していく中である時は教えられ、またある時は埋められない事柄もあった。しかし大切なのは意見の違いで立ち止まらないことだ。意見の違う者がいても丁寧に聞くという行為を大切にした。それこそが民主主義の前提であると考えたからだ。意見の違いすら認めようとしない昨今の風潮はまさに戦前化そのもの、今回の共同作業はいい経験になったと思っている。

最後に冊子のタイトルの「唯言」だが、「ただただ、言わせてもらいます」という思いと、死ぬ前の最後の言葉「遺言」にもひっかけている。

世界でも今、「排外主義」「自国の利益第一主義」が湧き起こっている。アメリカではトランプ氏が大統領になった。ヨーロッパでもイスラム教徒や移民受け入れに対する差別的、排外的な動きが表れている。こうした動きの中で、この冊子など〝ごまめの歯ぎしり〟に過ぎないかもしれないが、考えるヒントは無数に詰まっていると確信している。ぜひ多くの人たちに読んでもらいたいと願っている。

関屋　俊幸

I

巻頭記念講演

「ローマ帝国から日本帝国を見る」弓削　達

●「唯言」発行にあたって弓削先生の講演を掲載します。

弓削先生は東京大学名誉教授、フェリス女学院大学名誉教授などを歴任。「古代ローマ史」研究の第一人者で、「侵略責任を取ろう」と呼びかけ、発足した日本答責会議に参加。積極的に発言、行動されてきましたが、二〇〇六年、八〇歳で逝去されました。

答責会議は日本と韓国の歴史、法律などの学者や市民らが参加して一九九一年に第一回シンポジウムを東京で開催。以後、韓国・ソウルと日本で交互に七回シンポジウムを開催してきました。

この原稿は一九九六年八月二九日、東京の明治学院大学で開催されたシンポジウムでの記念講演を収めたものです。

人間の尊厳の回復は焦眉の課題

今朝から、日韓両国の正しい国際関係をつくりだすためになされるべき最も基本的な問題について、日本側の専門家諸氏の研究報告を聞いて参りました。明治開国いらい日本の国策は一貫して、朝鮮（韓）半島を日本の支配下におくことでありました。征韓論から始まり、日清戦争、日露戦争、すべて朝鮮（韓）半島支配を目的とするものであったことは明らかであります。その結末が一九〇五年の第二次日韓協約であり、一九一〇年の韓国併合条約でありました。以後、光復の日まで、日清戦争から数えても五十年余、韓国における人間の尊厳は日本人と日本国家によって蹂躙され続けて参りました。一九六五年に日本の佐藤内閣と、韓国の朴政権との間で結ばれた日韓基本条約は、長年の日韓間の問題を根本的には何ら解決することなく強行されたものでありました。この日韓の間の未解決の根本問題をとり上げ、真に公正・対等な国際関係を構築し、韓国人の人間の尊厳を回復すること（それは同時に日本人の人間の尊厳に他なりませんが）は、世界の平和のために不可避の、早急になされるべき一歩であります。この一歩が、現代世界のグローバルな国際関係にどのような貢献をすることができるかを考えることが、小論の目的であります。

アメリカ一国支配と発展途上国

まず、現代世界のグローバルな国際関係をどう捉えたらよいか。十年程前までは、二つの核超大国の武力均衡を頂点とし、他の諸国がこの二超大国の下に系列化されるいわゆる冷戦として即捉えられる構築のものであったと言えるでしょう。しかしこの構造における平和は、核抑止力均衡による平和ですから、必然的に核軍拡を伴い、二超大国が一方では、夫々の系列の下にある諸国の民政への援助を圧迫しながら、他方では二超大国がいずれも深刻な財政危機に陥らざるをえませんでした。この一つの結末がソ連の崩壊であったわけですが、そのことは、アメリカ一国支配（パックス

＝アメリカーナ）の出現を意味しました。

けれどもそのアメリカは、核軍拡競争の結果として、財政的に危機に陥っており（いわゆる双子の赤字）、到底一国だけでは世界の平和維持は不可能な状態でした。この国際的な構造変化の隙をついて、地球上の各地で地域的な民族紛争が起こります。これらを収束するためには、アメリカ一国の力では及びません。そこで国連「平和維持軍」などと称する武装兵力によって力による解決をはかりますが、火種は各地に残ります。

冷戦構造の崩壊後の新たな国際的な構造形成の過程で見落としえないもう一つの要因は、百九十数か国に及ぶ地球上の国家の大多数を占める国家群、冷戦時代には第三世界と呼ばれた国家群の中から「先進国」の仲間入りをしようと努力するASEAN（東南アジア諸国連合）をはじめとする「発展途上国」が急速に増大しつつあるという事実です。この「途上国」の急上昇を助けたものはもとよりそれら各国の経済発展で、その経済発展を加速させたものは多くの国家での兵器の生産と貿易ですが、今日はそれには立ち入りません。ただ、これら途上国の急上昇がはらんでいる一つの深刻な問題性と、その中での一国支配による平和維持の行方の問題とにふれておかなければなりません。

まず途上国の急上昇がはらんでいる問題からふれてゆきます。途上国が早くその仲間入りをしたいと願っている先進国をかりにG７に限定して考えてみても、これらの先進国が極度に発達した科学技術を用いて豊かな市民生活を展開している現状だけを前提にして考えますと、地球の資源エネルギーは今後それ程長くはもたないと考えられています。そうしたところへ途上国が同じような生活形態、生活様式に入ったならば、資源・エネルギーの絶対的不足は焦眉の問題となります。つまり途上国の経済発展と先進国の仲間入りの希求とは、途上国にとっては世界人類の平等という当然の権利の要求ですが、地球上の全国家の「先進国」化は事実上不可能なのです。

それは資源・エネルギー問題だけでなく、広く地球環境一般の悪化、なかでも人類に最も深刻な事態は、地球温暖化でありましょう。

　その大きな原因は先進国の経済活動による化石燃料と木材資源の消費であります。化石燃料の使用は多くの二酸化炭素を生じ、木材資源の大量使用の結果、熱帯原生林を減少させ、二酸化炭素の吸収と酸素の排出という熱帯原生林の機能が消滅する結果、地球温暖化、海面レベルの上昇等の危機がもたらされるのであります。つまり途上国の先進国入りは、地球社会の壊滅を招くか、或いは、競争に敗れた先進国の第三世界への転落いずれかの結果をもたらします。その過程で、先進国同士、あるいは途上国同士、あるいは先進国と途上国の間での（生き残り）生死をかけた戦争の勃発が予想されます。もしそれが現実となれば、それは核戦争となる可能性が高く、地球人類の終焉もありうるといわねばなりません。

先進国による途上国発展に対する妨害

　こうした遠くない将来の予想をふまえて、先進国とくに核保有国は、ＮＰＴ（核拡散防止条約）の無期限延長を強行し、他方では、有力な途上国による包括的核実験廃止条約の未批准という事態があるのだと考えられます。

　かつての冷戦時代であれば、二超大国の「力」による途上国抑圧、「平和」維持が可能であったでしょうが、今や斜陽のアメリカ一国支配による世界秩序維持が不可能となった現在、アメリカは日本との同盟強化によって先進国による世界支配の鍵を握り続けようとしております。本年四月の橋本・クリントン共同宣言で明らかにされた日米安保の事実上の改定・変質がそれであります。一般に安保「再定義」と呼ばれておりますように、この宣言の内容は、日本では国会マター（matter事柄）であり、アメリカでは上院マターであるにも拘わらず、両首脳の「宣言」で切りぬけようとしていることは大問題でありますが、ここでは「再定義」の内容と理由に目を向けたいと思います。六〇年安保が極東（フィリッピン以北）の平和維持を条約の適用範囲としていましたのに対しまして、再定義された安保は「アジア・太平洋地域」の平和維持に拡大され、日米の関係は、日本による米軍への軍事的・財政的援助が強化され、自衛隊による反憲法的な集団自衛権の行使が前提されるような内容となっております。とくに注目されるのは、このような「再定義」が必要となった理由を、日米首脳会談は、中国の核実験続行の問題と朝鮮民主主義人民共和国のいわゆる核疑惑に始まる朝鮮（韓）半島の有事の可能性の危機をあげております。ということは、日本はアメリカと共に先進国の立場に立ち、中国及び朝鮮（韓）半島という有力な途上国に、核を含む攻撃の刃を向けている、ということであります。軍事専門家の中には、中国や北朝鮮の核戦力は、アメリカ等核先進国に比べたら赤児のようなものだ、と評する人もおりますが、ここで問題になっているのは、現実の核戦力の脅威の問題ではなく、日米という先進国群による途上国の発展に対する妨害の問題であることを思うなら、このような日米安保再定義に至った日本という国家の道義をこそ問題とすべきでありましょう。

詳しく申すまでもなく、日本の現在を作り出したものは、一九四五年に至る朝鮮（韓）半島の不法・不当な植民地化、非人道的な抑圧と搾取、アジア太平洋という侵略戦争、一九四五年の敗戦以後は、アメリカの世界政策への協力、一九五〇年の朝鮮戦争における「特需景気」を転回点とする経済復興、更に（これもアメリカの干渉による）賠償金の免除ないしはそれに近い値切り、ふみ倒し、それらを土台にした東南アジア・太平洋地域に対するいわゆる経済侵略の数々であります。ということは、日本は、暴力的抑圧・搾取で発展を抑えつけた近隣の諸国に対して、今また安保再定義という形で経済発展の道を塞ごうとしているわけであります。

ローマ帝国の支配の形式

こうした百年余りに及ぶ現代世界の戦争と平和、支配と隷属、文明と後進的な非文明との関係を思わざるをえないのです。いまはローマ支配の拡大・興隆の歴史を辿る余裕はありません。

唯ローマはわずか三百年たらずの間に約七二〇万

平方キロ（アメリカ合衆国は約九三六万平方キロ）を属州または属国（従属王国）として支配した、というあらましだけを頭に描いてお聞きください。

ローマ帝国がこの巨大な領土を作り上げたプロセスを例示的に語るローマ人の作品があります。それは、紀元一世紀半ばに生まれて二世紀の初めに死んだタキトゥスという歴史家の作品です。彼には『年代記』『歴史』などローマ帝政時代初期の歴史を記した大作品がありますが、この他に『アグリコラ伝』という小品があります。「アグリコラ」というのはタキトゥス夫人の父（岳父）の名前で、彼はローマの一流の将軍・政治家でしたが、亡くなったあと、タキトゥスはこの岳父アグリコラをたたえるためにこの小品の伝記を書いたのでした。

さて、このアグリコラはブルタニアの総督になって派遣され、未征服の諸民族を制圧したのですが、タキトゥスはアグリコラ着任以前のブルタニアの状況を記します。ローマ軍がブルタニアに最初に侵入したとき、初めブルタニア人はかつてのガリア人のように狂暴に抵抗しました。「しかし」とタキトゥスは記します。「平和の訪れと共に、不精が彼らの心にはいりこんだ。そして勇気と共に、独立と自由の精神まで失ってしまった」と。つまり、平和とは頑強に抵抗する精神をやわらげ、不精の心をつくり出し、勇気と独立と自由の精神を失わせるもの、とタキトゥスは考えているわけです。なぜなら、平和とは「兵の徴集（徴兵）や貢物（収奪・税金）、その他ローマの統治権が彼らに強いる義務を不平をこぼさずに果たす」ことだからだ、つまり、平和とはローマの統治権に黙従することだ、と彼は理解していたのでした。

アグリコラのブルタニア着任より以前、紀元六一年のことをタキトゥスは『年代記』（一四巻三一）に次のように記しています。イケーニー族の王プラスタグスは、ローマ友好政策のおかげで比較的安泰であったが、この王が死ぬとその王国はローマ側からひどい仕打ちをうけたことが記されています。すなわち、ローマの軍隊や役人たちは真っ先に「王妃ボウディッカを鞭で殴り、娘たちを凌辱した。ついでイケーニー族のすべての豪族から、祖先伝来の地を没収し、王の外戚を奴隷として扱った」（『年代記』一四巻三一）と記されています。こうしたローマ側の暴虐に対してブルタニアの原住民は抵抗戦に決起します。彼らは次のように叫んで結集しました。「われわれには、祖先と妻と両親が、彼らには、強欲と贅沢が、戦争の動機である。」（『アグリコラ』一五）と叫んで、かつての王妃ボウディッカを指導者におしたてました。ボウディッカは娘たちを自分の前の車にのせて兵士たちの間を駆け回って、次のように叫んで励まして歩いた、というのです。

「いま私は、偉大な王家と富のために戦うのではない。人民の一人として、奪われた自由と、鞭で打たれた体と、凌辱されたむすめの貞節のため、復讐するのである。ローマ人の情欲は、もう私らの体はおろか、年寄りの女や処女までも、一人のこらず辱めずにはおかないまでに烈しくなった。しかし神々は、私らの正義の復讐を加護している。……この戦いにどうしても勝たねばならない。でなかったら、私は死ぬべきである。これが一人の女としての決心である。男らは生き残って奴隷となろうと勝手である。」（『年代記』一四巻三五）

決戦の結果、ボウディッカ側は殲滅的惨敗を蒙った。しかし我々は、タキトゥスの筆を通し、ローマ帝国の形式が、強欲と贅沢と、女性に対する性的凌辱に他ならなかったことをいやという程鮮明に教えられるのです。と同時に、五十年前までの日本の植民地帝国の形式が、二千年前の大ローマ帝国形式といささかも異ならなかったことをも思わせられるのであります。

アグリコラによる「平和」

アグリコラが総督に着任したのは、このようにして征服されたブリタニアでした。タキトゥスは、岳父アグリコラを立派に描こうとして、アグリコラの業績を次のように描くのです。アグリコラが考えるに、戦闘を交えれば必ず残虐行為が起こるから、戦争になる原因を除こう。その原因除去とは、「穀物の供出や税のとり立て」を公平にすること、ローマの出先役人が私腹を肥やすために考え出した様々な狡猾な手段を根絶することだ、と。ということは、タキトゥスは、ローマの出先役人のブルタニア属州民に対する不正、不公平な悪政、収奪を見抜いていたわけです。つまり、平和とはたしかに公然たる殺し合いはないが、それ以外の凡ゆる不正や収奪が平然と行われる状態であって、これが戦争の原因となる、それをアグリコラは根絶したのだ、というのです。

このアグリコラの宣撫政策は成功したばかりでなく、彼は「平和」そのものに積極的な魅力を与えた、とタキトゥスは次のように記します。町々に「神殿や市場や家を建てさせ、……壮丁たちの子弟に教養学科（アルテス＝リーベラーレス）を学ばせた。……その結果、いままでラテン語を拒否していた人までローマの雄弁術を熱心に学び始めた。こんな風にして、ローマの服装すらも尊重されるようになり、市民服（トガ）が流行した。そしてしだいに横道にそれ出し、悪徳へと人を誘うもの、たとえば逍遥柱廊、浴場、優雅な饗宴に耽った。これをなにも知らない原住民は、文明開化（フーマーニタース）と呼んでいたが、実は奴隷化（セルウィトゥス）を示す一つの特色でしかなかった。」

つまりタキトゥスの記述によりますと、従来ブルタニア人は「ローマの平和」を恐れていたが、アグリコラはその平和を魅力あるものにした、というのですが、具体的に何をしたのかと言えば、リベラルアーツの教育のほかは都市的生活を導入した。つまり、神殿、市場、競技場、劇場、浴場などを建てた。その結果はどうかと言えば、ブルタニア人はやがてローマ人と同じように悪徳に耽った。その悪徳には、飽食、倒錯した性の遊びのようなローマ市で悪行していたものまで含まれていた、とタキトゥスは記しています。

日本の政治家の中に、日本の植民地支配は植民地に良いものももたらしたと揚言する者が少なくありませんが、それとまさに同じことをタキトゥスは述べているわけです。しかもそれは決して良いものではなかったことを、タキトゥスは見ぬいていました。

何年かの統治の末、アグリコラはつねにカレドニア（スコットランド）にまで遠征の兵を進め、そこでカルガクスという酋長に率いられたカレドニア軍の三万以上の兵士と決戦を交えることになります。これを伝えるタキトゥスは、戦闘開始を前にしたカルガクスの全軍に対する演説を記します。長いその演説の中で最も注目される部分だけを引用いたします。

「世界の強盗（ローマ人）は、すべてを荒らして陸地を去り、もう海を探している。もし敵が裕福ならばローマ人は貪欲であり（収奪に熱中し）敵が貧しい場合、ローマ人は野心的となる（征服的、侵略的となる）。」

「全人類の中で彼らだけが自分の富と世界の貧窮を、同じ情熱で欲している。掠奪し、殺戮し、強盗することを彼らは支配という偽りの名で呼び、人住まぬ荒野を作ると、そこを彼らは平和と名付ける（Ubi solitudinem Paciunt,pacam appellaut）」

我々の肉親は「ローマが課した徴兵制度で奪われ、……妻や姉妹は彼らの情欲によって……汚されている」。

ここに「人住まぬ（ソリトゥドー）荒野を作ると、そこを平和と名づける」と言われていることばは、「ローマの平和」、一般に「平和」と呼ばれているものの本質を喝破したことばとして有名です。平和とは「支配」であり、而も過酷な支配であり、掠奪、強盗、殺戮……それが「平和」と呼ばれているものの本質だ、というカルガクスなればこそ言うことの出来た真理でした。だから、この戦いはローマのこの不正をはねのける戦いだから、正義の戦いだ、と全軍に訴えたのでした。この演説には倫理的正しさの確信がみなぎっています。このカルガクスの演説に、タキトゥスは岳父アグリコラの全軍に対する長い演説を対置して記しましたが、それはただ全軍に勇気を鼓舞するだけの倫理的には無内容のものでした。

ローマ帝国の危機

私が思いますには、タキトゥスはこの両者の演説の倫理的価値の懸隔を十二分に承知していた筈えでした。というのは、タキトゥスのすべての歴史作品を通じて感じられる彼の歴史観は、皇帝権力とその武力による自由の圧迫と道徳の退廃こそが、ローマ帝国と彼の時代の危機の原因である、皇帝というものがローマに存在し始めて以来、ローマ人一般の隷従が始まった。初代皇帝アウグストゥスは閑暇（オティウム）の甘美を餌にして国民（タキトゥスの眼中にあったのは元老院議員であるが）を従わせ、それを共和政的な名称を用いて誤魔化した、自由と帝政は両立不可能であるという点にありました。そのことを彼の生きた時代の暴君皇帝ドミティアーヌスの独裁的暴政によって、タキトゥスは自分自身の体験で知り尽くしていたのです。その専制的な暴政ドミティアーヌスのもとにあってもそれには隷従せず、勇気をもって生きぬき、今、属州統治に出ていったアルリコラを専制に抗して自由と独立のために戦う英雄として描きたかった筈です。ところが現実にはアグリコラは、侵略者、破壊者、略奪者であるローマの将軍であり、彼の敵方の将軍カルガクスの口に、自由と独立のために侵略者ローマと戦う、倫理観に溢れた演説を敬意を以て語らせねばならなかったのでした。

つまり、一方では、皇帝の権力と武力によるローマ国民の自由の抑圧を、被害者意識をもって憎悪しながら、他方では、自らが弱小諸民族に対する侵略者、征服者側の最高幹部の一人である、という現実の自覚。ここにこそ、タキトゥスの歴史作品全体に流れている独特の厭世的なペシミズムの根源があるのではないかと思われます。と同時に、隷属民の人間の尊厳を否定されている状態に対する同情の念と、彼らの隷属の軛を断ち切ろうとする独立への闘志に対する敬意とをタキトゥスの筆に読み取ることができるのではないでしょうか。

ところで、カルガクスのような被抑圧民の自己の人間としての尊厳の主張、力はあっても倫理観も正義感も欠いている征服者、支配者ローマ人に対して抱く独立心、こうしたものこそ、ローマ衰退後の次の時代の世界を形成するエトスに他なりません。このようなエトスの存在に気づき、それらの被抑圧者と協力して共に次の世界を築こうとする志に目覚めることができた人がどのくらい支配者集団の中に存在するか、ということが、支配者が、この場合ローマ帝国が衰退、滅亡後に次の世界の形成にローマ人たちが参与できるかどうかの鍵でありました。この問題にほんの少しでもふれたいと思います。

ローマ帝国の末期

さて、ローマ帝国は、服属し、属州民とされた諸民族にする暴虐・不正・抑圧を拡大しつつ、さらに二世紀、三世紀へと嵐の歩みを続けました。しかしその間に、帝国支配の構造が少しずつ、しかし根本的に変質してゆきました。そして四世紀には支配側のローマは、単にローマ市に住むローマ人だけではなく、各地のかつての隷属者も、ローマのローマ市民権授与政策のおかげでローマ市民権を獲得して、その支配者ローマの中にとりこまれていました。広大なローマ帝国に含まれる主な都市の市民＝農民がローマ人となりました。つまり広大な農地で生産に励む農民も、純粋なローマ人は殆どいなくなりました。ローマの皇帝も、二世紀初めからは属州出身者で占められ、帝国中枢の政権の中にも、軍隊の司令部にも、その頂点は有能な非ローマ人（ゴート人、スキタイ人、ゲルマン人等）で占められるに至っていました。それは、それらローマの中枢を握っていたゲルマン人等が極めて有能であり、軍事、行政能力にすぐれていたというだけでなく、かれらが弁舌も魅力的、立ち居振る舞いも高貴だったということ。要するに、かつてタキトゥスが『アグリコラ伝』で書いていたように、平和を定着される政策としてローマ的リベラルアーツの教育に力を注いだその結果が成功した、ということを示しております。ということは四世紀以後顕著に現れ、定着した新しい帝国支配の構造は、実はかつてのローマ的価値基準の再確認に他ならなかったということです。それは、かつて野蛮・後進として軽蔑した隷属異民族（ゲルマン人）の文化・自由を非差別的に評価し、対等のものとして受容れたのではなかったのでした。

従って、表向きは、これらローマ社会内で上昇したゲルマン人等と対等に付き合っていても、ローマ人社会の中には、反ゲルマン主義者、そういう立場の論客が実に多かったのでした。

そうした空気はやがて爆発しました。それは五世紀の初め、それまで西帝国の実績を握っていたスティリコが政敵の陰謀から、皇帝の命令で処刑された事件でした。この事件をきっかけにローマ人、とくにローマ人兵士の鬱積した反ゲルマン感情が爆発し、三万以上のローマ軍内のゲルマン兵士及びその家族に対する殺戮、それを契機とするゲルマン人兵士の北方への脱走事件が起こったのでした。このスティリコの処刑をきっかけとする事件は、ローマ政権の中枢を弱め、あの有名な四一〇年の西ゴート族によるローマ市占領を導き出したのです。

先程ふれましたように、四世紀に構造を変化させたローマ帝国のイデオローグたちは、概ねがギリシャ人でした。彼らはローマ帝国人として、ゴート、ゲルマンなどの蛮族を如何に見るべきかを折りにふれて述べました。たとえばテミスティオスというギリシャ人。彼はアリストテレス学者で、四世紀というこの時代の流れに抗してキリスト教に改宗しないで異教哲学にとどまった人です。彼は歴代の皇帝に重用され、折りにふれて皇帝の御前で皇帝の徳をたたえる演説、頌詞（パネキュリク）を行いました。いちいち辿ることは避けますが、それらの頌詞を通じて蛮人の扱い方が少しずつ変化してゆくことが注目されます。皇帝の、人間愛（フィラントローピア）をたたえることが頌詞のテーマですが、時代によってその人間愛の及ぶ範囲が次第に広げられていることに気づかされます。初めは「蛮人」は狂暴、非理性的で平和的扱いに値しないものとみられていましたが、やがて「蛮人」を抑制し、矯正して皇帝の人間愛の対象たるにふさわしいものと見直します。歴史的現実が、そのような新しい解釈を施さなければ、皇帝の対「蛮人」政策を正当化できなくなったのでした。けれども、彼の「蛮人」評価の遅々たる変化は、彼自身新しい蛮人評価を積極的には容易に受容れがたいものであったことを示しています。彼の心の底では、「蛮人」はやはり、無秩序、恐怖、不服従、狂暴、非理性、といった属性と結びつけて観念されていたのでした。こういった先入観念を何とか克服しなければいけないと、自他に説いたのがテミスティオスでした。

ところが他方では、こういった先入観念こそ正しいとして、それを強化する保守的な論者も少なくありませんでした。東部ではキュレネのシュネシオスがそうでしたし、西部ではアンティオキア出身の歴史家アンミアーヌス＝マルケッリーヌスがローマ市に在住して「蛮人＝悪人」論、「蛮人＝動物」論を説いております。

シュネシオスは演説でローマ軍から蛮人（ゴート人）兵を追放せよ、犬を追い払え、と獅子吼したのであります。四世紀の後半ミラノの司教になったアンブロシウスは、生まれからしてローマ帝国の支配層の一人でしたが、彼は帝国外の「蛮人」を最下級と見なしております。「蛮人」は恥ずべき欲望に従う者、ローマ人の冷酷な敵であり、戦争状態こそ「蛮人」との間の正常な関係であり、「蛮人」は信仰の共同体にも、ローマ法の共同体にも属さない、と見ているのであります。

帝国がもはや現実にはかつての「帝国」でなくなった現在においても、このような自己中心的な差別思想から脱却できなかった末期ローマの人びとに、本来の、次の世界の文明を築く意欲も希望も期待ももてないのは当然でした。しかし、最後に一人だけ、未来世界の形成への精神的準備が出来ていると思われる人の記すところを紹介し、我々の参考にしたいと思います。

未来を作る精神世界

それは、サルウィアーヌスという五世紀のマルセイユの司教です。彼は四四〇年ごろに『神の支配について』（De Gubernatioue Pei）という本を書きました。その中から引用いたします。

「かつての古のローマ人に対する神の愛顧が正しいものであったのと同じく、現在われわれに対する峻厳も正しい」。

つまり、かつてローマは繁栄した。この神の愛顧は正しかった。それはローマ人がそれだけ立派だったからだ。これがこの文章の前半部の意味でしょう。この文章の後半は次のように言っているのです。現在われわれに対して神は峻厳をもって臨んでいる。だからローマは今や滅びそうだ。これも正しい。なぜ正しいのか、ということの理由を彼は次のように言います。

「刑罰」とは、ローマが自分で自分を守れず、ローマ政権の中枢もローマの軍隊も、かつての隷属者である「蛮人」に全面的に依存し、それでもなおローマを守れず、「世界」の中心がゲルマン人等の「蛮人」のもとに移ってしまったという現実を指します。そういう「刑罰」を与えたならローマ人は目が覚めて、自分たちの悪を悔い、立派な人間になれるかと思いきや、何も悔いず、何らの改善もなされない。何と嘆かわしいことか。そのことを彼はこう言います。

「捕囚の運命を持ちつつ競技場のことを思うのか」。

捕囚とは、ローマがゲルマン人に捕らえられていること。具体的には、かつてのローマ帝国領内に次々にゲルマン部族国家が建設されている事実を指しております。「刑罰」のあと何の「改善」も行われない、ということを彼は次のように評します。「我々は捕囚を恐れつつしかも遊んでいるのである。死の恐怖の唯中にありながら、笑っているのである。……ローマ人は死し、かつ笑っているのだ」。

まことに辛辣な自己批評ではありませんか。私には少々皮肉な言い方ですが、日本人は死しかつ笑っている。我々人間は人類の終り、地球の終りを恐れつつ、死の恐怖の唯中にありながら、しかも笑っている。遊んでいる、という風に聞こえてしようがないのであります。しかしサルウィアーヌスはこうした状況の中にあるローマ人たちのもう一つの行動を次のように語ります。

「貧しい者は無一物にされ、寡婦は嘆き、孤児は足蹴にされる。ついには彼らのうちの多くの……自由人としてのよき教養をつけた者たちが、国家

（ローマ）の迫害の圧迫の下に死ぬことがないようにと、敵のもとに逃れる程である。彼らはローマ人の間で蛮人的な非人間性を耐えることができないので、蛮人のもとでローマ的な人間性を求めるのである」。

「彼らは逃れて行った先の人びと、習慣も異なり、言語も異なり、また、肉体及び蛮夷の悪臭そのもののさえ異なるのに、ローマ人のもとで不当な狂暴を耐えるよりは、蛮人のもとで異なる習慣を耐える方を選ぶのである。こうして彼らはゴート人のもとへ、あるいは各地に支配している蛮族のもとへと各方面に移住してゆき、移住したことを悔いない。彼らは自由の外貌のもとに捕らわれ人として生きるよりは、捕囚の外貌のもとに自由人として生きる方を選ぶからである」。

このように語るサルウィアーヌスであれば、当然に次の文明世界を作る者はローマ人ではなく、ローマ人の軽蔑する蛮人（ゲルマン人）であると考えます。だからゲルマン人たちの作るこれからの文明形成に協力して、新しい文明世界を作るべきだ、という考えに到達するのです。

初めの方で申し上げたように、冷戦後の世界秩序を形成するためには、ローマ世界が未だ直面しなかった地球環境問題を考えることなしに、全地球上の諸国家の「先進国」化への道を放置することはできないでしょう。個人、集団、国家のエゴイズムが渦巻く中で、平和を維持しつつ、新しい世界へと構造へと軟着陸することは不可能だと思います。新しい構造の未来世界がもしありうるならば、それは従来の先進国におけるそれと異なった価値観を受け容れ、物欲、金銭欲、飽食追求から解放され、むしろ清貧の思想によって他者と共に生きる永遠への生き方を習得しなければ、それを垣間見ることすら出来ないのではないでしょうか。そのための最低限の一歩は、日本が、朝鮮（韓）半島、中国をはじめとするアジア、アセアン諸国等に対する法的・倫理的・精神的・物質的・経済的責任すべてを含む戦争責任を果たすことであろうと思います。私共は、日本国民の一人一人として、その方向に向かっての一歩一歩を進める所存であります。

Ⅱ

座談会第1部

「戦後七十年」とわたし

〜プロフィール紹介を兼ねて〜

高橋宣光

一九四一年京都府生まれ　ラジオ・テレビ局に勤務。定年退職後、非常勤の労働相談員、障害者団体の役員などボランティア活動に従事している。

私は太平洋戦争が始まった一九四一年（昭和十六年）十二月八日生まれだが、六十年目の還暦の年二〇〇一年にアメリカの同時多発テロ発生の三日前、ニューヨークのワールド・トレード・センターにのぼったのも何かの因縁。真珠湾攻撃からちょうど六十年だったので、当地では「六十年目に米本土がアタックされた！」と大騒ぎになった。真珠湾の年に生まれて還暦の年に命拾いした。父は日露戦争の起きた一九〇四年（明治三十七年）の生まれなので、何か戦争というものに宿命的なかかわりを感じる。

戦争が終わったのが三歳半なので、戦争の記憶はほとんどないが、実家の空き地に防空壕があって「空襲警報発令！敵機襲来！」の声があがると、壕に駆け込んでじめじめした中に身を潜めた。そっと外をのぞくと真っ青な空に銀色に光る飛行機が音もなく飛んでいくのをはっきり覚えている。軍港のある舞鶴を襲って紀伊水道に帰る途中のB29と聞いた。生まれ故郷の福知山には旧陸軍の連隊があって、日の丸のついた戦闘機が練兵場の上空を回転しながら飛んでいたり、隊列を組んだ兵隊が馬にまたがった将校を先頭に家の前の道路を行進したりしていた。日除けのついた戦闘帽の兵隊が井戸水を飲みに寄ったりした覚えがあるが、田舎だったこともあって空襲や機銃掃射などの恐ろしい体験はなかった。

近所のおばさんに後で聞いた話では、上半身裸でお腹をつき出して手作りの竹製の鉄砲をかついで「おっさんホイホイ、おっさんホイホイ」と言いながら家の周りを回っていたそうだ。

ただ、戦後間もない頃、両足を失った戦地帰りの兵隊が短い松葉杖をつきながら、ぽとん、ぽとんと砂利道をいざって峠に向っている後姿を三歳上の姉と怖々見送ったのをはっきり覚えている。職業軍人だった近所のおじさんが戦死して、残された奥さんが二人の幼い兄妹を抱えて苦労されているとの話も親からよく聞かされた。

「あたらしい憲法のはなし」

私は、戦後の「あたらしい憲法のはなし」（「資料編」参照）の世代だが、その本も朝鮮戦争の頃、一九五〇年になると教室から消える。中学校一年生を対象に配布されたが、復刻版をもっている。これが金科玉条、はじめのころは純粋だった。「戦争はかなわん、金輪際勘弁してくれ」という肌身で「いやだ」と感じたのは政府も市民も同じだった。それが朝鮮戦争が起きると早くも憲法改正の動きが出てくる。憲法施行から二、三年で「国が守れない」ということになった。

一九五五年の保守合同で自民党が誕生して、党是として憲法改正が大きな柱になった。いまになって安倍（晋三）さんが言い出したわけではない。中学校時代、戦争体験のある工作の先生は「日本は情けない。ガンシンカイはアメリカさんのパンツ洗いだ」と授業中に平気で言い放っていた。「ガンシンカイ」とは安倍首相の祖父の岸信介元首相のこと。その頃の人達はアメリカに隷属しているのを見抜いていた。それともうひとつは、アメリカの世話にならず自分で力をつけてやる、という二つの流れがあった。その中で岸信介のDNAを受け継いだお孫さんが今やっている。急に出てきたわけでない。代々の政権があって中曽根康弘元首相の時に大きく前進したわけ。中曽根さんの時に「戦後政治の総決算」ということが大きな力を発揮した。中曽根さんがいちばんのターニングポイントだと思う。その辺から流れとしては決まったと思う。大きな流れの中で、国民は気づいていない。行政改革の名のもとに三公社五現業をつぶして民営化して、労組を再編したり。その点では安倍さん以上だと思う。吉田茂、岸信介、中曽根、安倍さんかな。安倍さんがいよいよ仕上げに入っている。国民が「戦争反対、憲法改悪反対」

と呪文を唱えるだけではもうだめと感じている。昔のほうが世間は再軍備の方に向かっていた。世論もどっちかというと再軍備に傾いていたと思う。

戦後間もない頃、保安隊か警察予備隊か、あるいは自衛隊だったか、はっきりしないが、早朝、わが家の庭に入ってきて、いきなり山の方の敵軍に向けてドンパチ訓練をやる。中学校近くの演習場では連日「タタタタタッ」という機関銃の音や時たま「ドーン」という鈍い爆発音が聞こえてくる。演習場から駐屯地に帰る夜中、旧軍歌を歌って行進していた。ぼくも混乱して昔の軍隊だったのか、自衛隊だったのか分からなくなるほど、大きな声で軍歌を歌って行進していたのを覚えている。いまから考えるとすごいことをやっていたなあと思う。戦前の軍隊そのもののように感じた。いまやると大変だが、大きな押し戻しがあって保守合同があって、先に述べた二つの流れになってきて今があると感じる。

それと戦前を感じるのは、「朝日新聞をとっているのか、アカだ。」という人がいまもいる。私の父は田舎の教師だったが、ウソを言うのが嫌いで誰にでもはっきりものを言うのでアカではないか、と噂されてずっと辺地の学校を回されたと聞いた。同じようにいま自由にものが言いにくくなっている。

現役の頃の良識として、中央のマスコミに対して政府がまさか直接介入はしないだろうと思っていたが、政府批判の報道番組に関して菅（義偉）官房長官らがNHKや民放に恫喝まがいの言いがかりをつけている。そうでなくてもあらゆる手口でやってこられると萎縮して自主規制してしまう。これは戦前の雰囲気そのものではないか。主張することが危険思想というのが戦前の空気、そういう意味で雰囲気が戦前に近いと思う。治安維持法の現代版とも言える共謀罪の成立をねらっているのも同じ流れのようだ。

戦後教育の洗礼

小学生の頃、進駐軍が学校にやってきた。大将はマッカーサーというから進駐軍はみな真っ赤な顔をした鬼のように思っていた。意外に白い顔なので安心した。新憲法ができて最初の新制小学校の一年生。兄、姉の使っていた墨塗りの教科書からきれいな色刷りの教科書に変わった。国語の一ページ目は「なかよしこよし、みんないいこ」だったと記憶している。進駐軍のジープが村にもよくやってきてチョコレートならぬ青い小瓶に入った肝油をもらったり、走り去るジープを追っかけて、砂ぼこりとともにまき散らす排ガスの何とも言えない良い匂い（？）を吸いに走った覚えがある。小学生のときかぶっていた帽子は海軍の生地で作った帽子、かばんは背嚢《はいのう》に使った革製で、ずいぶん丈夫で長持ちした。給食の脱脂粉乳、マクリ（海人草）、ＤＤＴなどは小学校時代の日常用語だった。

戦争ごっこ、チャンバラごっこは禁止されていた。軍歌も歌ってはいかんと言われた。家に一人でいるとき蓄音機で「軍艦マーチ」や「君が代行進曲」、童謡の「ザクザク兵隊さん」などをこっそり聞いていた。「のらくろ上等兵」のレコード盤など全巻そろっていて何度も聞いた。その頃先生が言っていた難しい憲法のはなしは理解できなかったが、その中に「平和」の言葉が入っていたから、今でも戦争ごっこ、人を殺す格好を見るだけでもいやだなと思う。

ただそういうことを戦後の中で、後の世代に言ってきたのかと思う。私の息子の世代の学校で行われていたのは、運動会でみんな揃って一等賞とか、学芸会でハーモニカの下手な子どものハーモニカにセロハンテープ貼って吹けないようにするとか、そういうことを学校でやっていた。

一方で先生は結論を出さない。「その意見もよい、この意見もよい」という。民主的かもしれないが、「結論はそれぞれみなさんが信念をもってやって出してください」ということで果たしてよかったのか。それぞれ主張はするが、結論を出さないで流れにまかせるというか、責任持たずにね。そういう教育をしたのがよかったのかどうか……？

もう四、五十年前の話しだが、近所の寄り合いの酒の席で手拍子の歌も出たので調子に乗って、子どもの頃覚えた軍歌「戦友」を歌ったところ、満州帰りのおじさんが「やめてくれ。戦争も知らん君らに何がわかる。何にもわからん若造が軍歌など歌うもんじゃない！」と荒声を上げた。ふだんは穏やかなおじさんなのでびっくりした。話しを聞くと、このおじさんは日中戦争の始まりの頃まで市電の運転手をしていたが、召集されて満州に渡り騎兵として敗戦まで最前線を駆け回っていたと言う。戦友の多くがノモンハン事件で戦死したと言っていた。

身をもって体験したことはなかなか忘れないが、話として聞いただけではすぐに忘れてしまう。

私たちの世代は歴史的に見ても長年戦争のない奇跡的な時代に生きてきたと思う。しかし、その素晴らしさ、幸せを次の世代に正しく伝えて来たかと言われれば、まことに不甲斐なく慚愧にたえない。

この冊子でその思いの一端でも言い残すことができれば少しは気が楽になりそうだ。

高田千枝子

一九四六年生まれ。東京都出身、元練馬区議。

私は一九四六年（昭和二十一年）に生まれました。父は一九一八年（大正七年）、母は一九二一年（大正十年）に生まれています。

私の世代は家族や親戚を戦争で亡くしている人が多く、私の伯父（母の兄）はフィリピン沖で戦死したと聞かされました。また私が小学校高学年の時に、父親が戦死したと教えてくれた同級生が二人いて、そのことは強く心に残りました。

私が生まれ育った東京・中野区の自宅近くには公立の女学校があり、戦時中は被服縫製工場になって爆撃を受けました。戦後、新制高等学校になっても校舎の一部が焼け跡のままになっていて、その異様な姿を晒している場所は私たち子どもの大事な遊び場になっていました。幼児の頃、親に連れられて行った池袋のヤミ市の裸電球に照らされた光景の記憶は鮮明ですし、当時省線といっていた今の山手線に乗ると白い着物を着た傷痍軍人がアコーディオンをかかえて、「募金」を集めている姿に出くわすと、とても怯えたのもよく覚えています。

中野の自宅は焼夷弾をまぬがれ、母の両親、父母、私、母の兄夫婦、母の弟が一緒に暮らし、自宅の庭での養鶏による生計で生活していました。

両親が親の家から独立して近所に所帯をもつのは私が九歳になってからでした。

自宅周辺は戦後開発が進み、東京近郊の典型的な私鉄沿線の新興住宅地となっていきました。それでも田んぼはあり、川で泳ぐことも出来、麦畑が広がっていました。

戦後復興の勢いは生活のあらゆる面に及びました。洗たく機やテレビなどの電化製品、水道化、ガス器具、電話機が次々に自分の家に入ってきた時のことは鮮明に記憶していて、子ども心にも大へん驚異的なことに思える出来ごとでした。

「日本の戦後復興は朝鮮戦争による朝鮮特需によるもので、安保の歴史を振り返ってみればわかるように、日本とアメリカの同盟関係を確固たるものにした具体的な出来事は朝鮮戦争であった。つまり、アメリカの朝鮮政策、朝鮮戦争に日本が協力することによって、日本は経済的な発展の足掛かりをつかんだ。逆に言うとアメリカは、日本の協力によって、初めてあのような形で朝鮮戦争が可能であった。そしてそのことがベトナム戦争に引き継がれ、湾岸戦争にも引き継がれている。……中略……日米軍事同盟が世界的に経済圏を維持する、守っていくということが、基本的な安保体制の本質だろうと思う」（インタビュー『沖縄の基地はなぜあるのか』新崎盛暉（沖縄大学教授）一九八八年　教えられなかった戦争沖縄編──阿波根昌鴻・伊江島のたたかい──）

学校給食は小学校四年生から始まったように記憶していますが、脱脂粉乳やコッペパン、カレー汁や鯨肉料理などで、大変にお腹が満たされました（これもアメリカの食糧政策の一環であった）。若い教師は意欲的な人たちが多く、音楽担当の先生は希望する生徒にバイオリンを熱心に教えてくれ（学校で楽器を用意した）、私もその一員に加わりました。

戦後民主主義の時代の中で小学校を過ごし、中学校時代はベビーブーム世代のため一学年七クラスにもなり、中学校が近辺に新設される程でした。中学三年生の一四歳の時に六〇年安保闘争がありましたが、全く記憶にありません。

しかしその後、池田（勇人）首相が所得倍増をぶち上げたことは記憶にあります。

全くもって呑気で気楽な学校生活を送っていました。

山田悦子

富山県魚津市に生まれて

私は、一九五一年（昭和二十六年）、富山県の魚津市で生まれました。生まれて八日目の九月八日にサンフランシスコ平和条約が、日本と連合国の間で結ばれています。また、一九五一年というのは、一九五〇年から五三年まで続いた朝鮮戦争の休戦会議が開かれた年です。

朝鮮戦争の特需のお陰で、日本の戦後復興はあったわけですから、私はその経済効果を受け、成長したことになります。その経済効果は、銃後で日本がアメリカに協力したために得られたものなのですよね。政治と歴史は一体のもので、政治が生み出す流れのなかに私たちは生きているんですから、過去・現在・未来は、人間の存在に敷かれた絶対的時間としてあり、人間の存在は歴史と一体なものです。歴史は人間によって作られたものです。過去の歴史の責任など関係ないと考える人たちは、人が人間として存在することを放棄しています。人間の未来に対して無責任です。

私は魚津市でも町なかではなくて、立山や劔岳の水を集めて日本海に注ぐ、片貝川の上流に位置する、平沢という名の山間の小さな集落で生まれました。欅平《けやきだいら》に近く、大人たちが日常的に「けやきだいら」ということばを使っていましたから、「けやきだいら」は、生まれた集落の生活圏だったようです。平沢は、二十数軒程の小さな村で、数軒を除いてその他は皆、姓が私の旧姓・澤崎でした。作家の新田次郎の本に、澤崎源次郎という名が出てくるんですが、「あー、あれは、俺の従兄弟だ」と、父が言っていました。私が生まれた集落は、三、〇一五メートルの立山に限りなく続く位置にありましたから、何かの縁で澤崎源次郎は、登山家の新田次郎に出会ったのでしょうね。

平沢は、片貝川を挟んで対岸の村と吊橋で結ばれていました。対岸の村は雑貨屋さんやバス停、分校があって、町へと続く道路がありましたが、平沢村は、周囲から閉ざされた空間でした。

集落が守る墓は、沢道を登って行った深い木立ちの中に、隠れるようにありました。祖母に連れられ、木洩れ日のなかにお墓参りをした遠い記憶があります。生後六カ月で百日咳で亡くなった、会うことのなかった姉も、そこに眠っています。「悦子は猿のようなめたくさい顔で生まれてきたけど、姉のたか子はほんとに器量良しだった」と、明治三十二年生まれの祖母が、口癖のように言っていました。不細工なことを富山弁で「めたくさい」と言うんです。

なんで集落が隠すように墓を守っていたかというと、歴史的なものが関係しています。私の父方の家系は、古くは戦国大名の上杉謙信の流れに位置し、謙信から十六代目が房朝です。房朝の弟にあたる、初代不動山城主の山本寺景貞に、家系図の出発点があります。うちの本家にその家系図が残っています。上杉謙信が大名をしていた越後国の佐渡の先に「沢崎鼻」という地名がありますが、そこと父の姓が何か関係しているのかなと、私は考えているんです。韓国にも平沢という地名があり、米軍駐留の韓国の軍事基地です。沖縄と同じように韓国女性に対する米兵によるレイプ事件が起こっています。朝鮮半島統一を願って在日韓国人の女性たちが発行する運動機関誌に、そのことが書かれていました。韓国の地名と同じ地名をつけるのですから、今上天皇がルーツは朝鮮半島だと言ったように、上杉一族も朝鮮半島からの渡来人だったに違いありません。私の父の顔立ちが、韓国の女性大統領の父親の顔に似ていました。目は父の方が大きくてパッチリしていましたけど。

ショートピースを吸っていたヘビースモーカーの父は六十二歳で肺がんで亡くなるのですが、亡くなる前に伝えておきたいことがあるというもんですから、隠し財産のありかでも言うのかと期待したのですが、「悦ちゃん、うちの先祖は平家の落ち武者ぞ」というので、「えー、何それ」とがっくりきました。先祖のそのまた先祖が平家の落ち武者であったり、不動山城炎上といい、そして、私、時代の権力にやられてしまう血統なんですかね。

富山から愛媛へ

父は二級建築士の資格を持っていました。一級を取ろうとして二度チャレンジしたけどだめだったようです。大正十五年生まれの父は、終戦の時は二十歳だったわけです。軍隊に行きますが、金沢の連隊に所属してずうっと内地勤務で軍医の鞄持ちをしていました。戦争が終わってからもらったんでしょうね、うちには何だか、注射器だの聴診器だの医療器具がありました。日本がアジアに行った蛮行の責任を考えると、父も責任を背負う存在ですが、大陸に出かけ直接アジアの人々を銃剣で殺していないことや、「従軍慰安婦」問題の加害者でないのが、子供の私にとってせめてもの救いです。知り合いに、日の丸、君が代の強制は思想信条に反するとして、教育現場で頑張っていた女性教師がいました。その彼女の父親がものすごく大事に隠しているものがあって、それが何か知りたく、父親が留守のときに箪笥の奥から取り出して見たんですって。そしたら、中国人の首を日本兵が刀ではねている写真だったそうです。戦時中の自分の父親の実態を知って、戦後生まれの彼女は、大変なショックを受けていました。

父は富山の事業をほっぽり出して、芸者さんと四国に駆け落ちするんです。物心ついた頃にはすでに両親は離婚しておりましたから、私は祖母の手で育てられていました。父が事業をほっぽり出したもんですから、祖母は父の借金を抱えるはめになり、先祖代々の田畑、山を売ったり、住む家まで借金の返済にあてたりします。残った家の蔵を改造して、そこに祖母と私は暮らしていました。性格的なものもあるのでしょうが、祖母の深い愛に抱かれ育っていたので、両親がいない寂しさなど全く感じなかったですね。何故か、家には美味しいお菓子が菓子箱にいつも詰めて置いてあるんですね。私が子供の頃は、今のようにお菓子が溢れかえっているような時代ではなかったですから、集落の子供たちから家のお菓子が狙われていて、遊んでいると上手にせびられるんですね。そして全部放出して、自分の分がなくなって、よくべそをかいていました。「悦子は、何て考えなしの子なんだ」と、その度に祖母は私を叱り嘆いていました。親がいない不憫な孫だと思って、祖母がいつも買って置いてくれていたんだと思います。

駆け落ちした父が落ち着いた先が、駆け落ち相手の故郷、愛媛の新居浜だったんです。結局、その芸者さんとも別れ、父は初婚の一般女性とお見合いをし、再婚するんです。大きくなって継母に「どうしてお父さんと結婚したん」と尋ねると、「男前だったから」と、言っていました。継母の近所にあったクリーニング屋の長男の嫁にしたいと、継母の実家に伝えてきたそうですが、断ったそうです。ある日、「悦子ちゃん、あの人」と、継母が町で指さすものですから、見たら、クリーニング屋の長男は鬼瓦のような顔をしていました。

私は、小学校にあがる前に父に引き取られます。継母が見立てた洋服が父のもとから届き、それを着て、父の妹の叔母夫婦に連れられ、私は四国に届けられます。その当時は、蒸気機関車の時代ですから、富山から大阪、大阪から岡山、岡山から宇野、宇野から船で高松、高松から予讃線で新居浜と、汽車で一泊しなければならない長旅でした。魚津駅には、親戚の人たちが見送りに来てくれていましたね。叔母夫婦にはまだ子供がいませんでしたから、両親が離婚した姪っ子が可哀想だと思ったのでしょうね、我が子のように大事にしてくれました。「ＹＫＫ」は、今でこそ世界のブランドですが、当時は吉田工業といってまだ小さなチャック会社で、魚津市の主婦たちが各家庭でチャックを作り、会社に納入していました。叔母は、会社のほうに勤めていたものですから、社員旅行に私を連れて行ってくれたりしていましたね。母も私を迎えに来て実家に連れて帰っていました。母の父は、北陸電力の社員で発電所に勤務し社宅だったので、電気でご飯炊いたりお湯を沸かしたりの生活があり、子供心におじいちゃんの家の便利で明るい暮らしを感じました。私と祖母の生活は、薪ストーブだったものですから。

今から思うと、私、四国なんかに行かなくても、富山で親類縁者に支えられ成長することが出来たんです。離婚した母が一人で食べていけるようにと、祖父は、富山市内で売りに出ていた旅館を買ってやろうと考えていたそうですから。でも父に引き取られることになって、「その時、歴史が動いた」ではないですが、その時、私の運命も大きく動き、やがて待ち受ける甲山事件の方に運命の歯車が動き出すことになったんです。うちの本家の伯父が、「悦子の父ちゃんが四国くんだりなんかに行く馬鹿なことをするから、悦子もこんな目にあってしまったんだ」と、嘆いておりました。

新居浜時代

私が父に引き取られた時、父はある建設会社に勤めていました。社長の住む敷地内に、二戸一の社員住宅があって、ひとつは社長さんちのお手伝いさんが住んでいて、もうひとつは父にあてがわれたものでした。まだ一般家庭には内風呂がない銭湯の時代で、あてがわれた住宅にもお風呂がありませんでした。お風呂があっても五右衛門風呂で薪を焚いていましたね。四国に行って初めて、赤の他人と一緒にお風呂に入る体験をしました。

父より七つ下の再婚相手である継母は、初婚でこぶ付きのところにきたものですから、まだ未熟だったこともあって、夫婦喧嘩するとすぐに実家に帰ってしまうんです。残された私を、社長さんちのお手伝いさんがお風呂に入れてくれたり、社長夫人がご飯を食べさせてくれたりして、父が仕事から帰るまで、結構、快適に楽しく社長さんの大きなお家で過ごしていました。茶室があったり、家の人とは別に客用のトイレがあったり、庭には大きな池があって鯉がたくさん泳いでいました。社長夫人が、お茶とお花の先生だったと思うんですが、花屋さんや和菓子屋さんが出入りしていました。時々、子供の私にお茶を点ててくれ、和菓子の説明までしてくれましたね。美味しそうで綺麗な和菓子に気を取られ、聞いていませんでしたが。父に連れられ、箪笥職人の所に和箪笥一棹を注文に行った時のことですが、お茶代わりにコーヒーが出てきたんです。生まれて初めて飲んで、世の中にこんな甘い美味しいものがあったのかと、子供心に感動しました。インスタントコーヒーだったのですが。今の日本は、コーヒー文化どっぷりですが、その頃コーヒーは、まだまだ珍しい飲み物でした。私が高校一年のとき、全校生徒が運動場に集められ、小さな紙コップでコーラを試飲させられ、みんなが美味しいと言ったので、学生食堂に自動販売機が設置されました。はじめての味だったのですが、その時もこんな美味しいものがこの世にあったのかと思いました。その時はわかりませんでしたが、日本の教育現場まで乗り込んで来て、若い世代に味を憶えさせ、憶えた味をその子供に引き継がせる。そして、またその子にという、味覚の長期的経済戦略を図ったアメリカ資本のいやらしさを思いますね。いずれにしろ、敗戦で一時占領支配され、怒濤のように押し寄せたアメリカ文化に塗れに塗れて育ったのが、戦後の日本人なんですね。小学校五年生の頃、「百足屋」という名前の履物屋さんの息子と同じクラスになり、ある日、その子のうちに遊びに行くと、英語もわからないのに、アメリカのレコードをいっぱい持っていました。日本人にとってアメリカは憧れだったんですね。日本在住のフリーのジャーナリストに、アメリカ人のブライアン・コバートさんという方がいます。日本に長年住み日本人を見てきた彼は、日本人はアメリカナイズされてしまっていると、ずっと前から言っていました。

小学校の低学年だったので社長さん宅の暮らしぶりが何なのかわかりませんでした。野菜をミキサーにかけ青汁を作ったり、お風呂場には、お水とお湯のふたつの浴槽があったり、敷き布団は使わず、薄い板の上にシーツを敷くといったような生活スタイルを、社長さん一家はとっていました。それから四十年以上の歳月が流れ、読んだ本からそれが何だったのかわかるんです。農文協が出版する『原本　西式健康読本』という、人間の健康とは何かを研究した西勝造という人が書いた本です。肉や添加物だらけの、腹いっぱい生活を送っている人には無縁な本ですが、本気で人間の健康について考える人の世界では、とても有名な人物と本です。西勝造の教えを医療現場に持ち込み、実践している医者も多くいます。それが何だかわかったときに、一国の経済を支える企業家は、だてに社長さんやっているんではないなと思いました。その点庶民は、「そんなのカンケーネー」の生活ですから、添加物だらけの食生活にどっぷり浸かり、結果、企業を丸儲けさせ、生活習慣病になっています。ヒポクラテスも言っています。食べ過ぎは病気になると。人類が一日三食になったのは、長い人類史からすると最近のことです。朝食の break・fast は、断食状態を最初に破ることに語源があります。日本はヨーロッパの先進国やアメリカと比べると、添加物に対する規制が緩く、近年、規制を外すことまでやっているんですから、ひどいもんです。命に対する思いが希薄なんですね、日本は。

社長さんの社宅に住んでいた頃に、白黒テレビが出始めます。今上天皇が、美智子さんと結婚された頃でした。結婚の様子がテレビで放映され、近所の人たちがテレビのある社長さん宅に大勢集まって、雨戸を閉め、映画館で映画を見るように部屋を暗くして、きちんと正座して見たのを憶えています。今から考えると、牧歌的ですね。

父は県が発注する公共事業のAランクの指名業者でした。新居浜市の仕事もしており、私の小学校、中学校のプールは父が設計し作ったものでした。若い頃は政治に無頓着だったものですから、よくわからなかったのですが、甲山事件で司法権を通じ、国家権力を構造的に理解できるようになって、父が県のAランクの指名業者だったのは、政治と深く関わっていたことがわかります。父は、田中角栄派のばりばりの自民党員でした。愛媛の大番頭とも言うべき田中派の国会議員と深い繋がりがありました。田中角栄が打ち出した「日本列島改造論」のもとで、我が家の生計が大いに成り立っていたんですね。そんな権力構図の中で自分が育ったことを考えると、仕方のなかったこととは言え、ちょっと複雑な気持ちになります。

新居浜は、住友の城下町で、私の小、中、高の時代は、社会党の市長が市政を担当していました。

小学校から中学校を卒業するまで元日には登校し、日の丸掲揚、君が代を斉唱しました。その時、紅白饅頭が生徒には配られていました。泉敬太郎という名の市長でしたが、私が三十代の頃、朝日新聞の「人」の欄に、社会党屈指の市長として紹介されていたのを見て、「えー、うそー」と、思ってしまいました。市長の娘さんが私の小学校の、音楽の先生でした。小学校の頃は、まだまだ道路がアスファルト化されていませんでした。それなのに、私の小学校の前の道路だけがアスファルトになったんです。小学生でありながら子供の私たちは思いましたね。音楽の先生のお父さんが市長だから、自分たちの小学校の道が一番にアスファルトになったんだと。

新居浜で天皇制が当たり前だと思って育ったもんですから、甲山事件で市民運動と出会うようになって、天皇制に反対する日本国民の存在を知って、大変な驚きを憶えました。新居浜には別子銅山があって、もちろん住友が経営していたのですが、強制連行された朝鮮人が別子銅山でも働かされていたんですね。ですから、新居浜は、朝鮮人が多く住む町です。甲山事件以前の私は、歴史問題にも無知でしたから、朝鮮人でありながら日本名で生きねばならない友人の苦しみに、全く気づきませんでした。

将来の道が決まる

高校を卒業するまで新居浜で育つわけですが、その時はもちろん予想だにしなかったことですが、ある光景が、人生の歯車を甲山事件へと更に推し進めることになったんです。中学一年の時に、軽度の「知的障害」を持つ女子と同じクラスになったんです。その頃の教育は、戦前の軍隊式教育が色濃くまだ残っていまして、宿題を忘れた子がいると、「連帯責任や」と言って三十分くらい教室の床にクラス全員が正座させられたり、忘れた子が拳固で頭をぐりぐりとやられたりしていました。私の担任は社会科の先生だったんですが、宿題を忘れると、黒板の前に並べて、歯を食いしばれと言って、端から順番に平手で生徒の頰を叩いていくんです。さすがに女子生徒にはしませんでしたが、軽度の「知的障害」の彼女は男子生徒と同じ扱いを受けるんです。私は、それを見てその教師の持つ差別性を感じました。たたかれている頭上には、きれいな毛筆で書かれたフランス革命の「自由・平等・博愛」が額縁に入れて飾ってあるんです。中学の全クラスにありました。額縁の理念の下の残酷な光景に、私は、心底、傷つきました。そんな光景を目にして、忘れていた遠い記憶が蘇るんです。

小学校にあがった時の思い出です。その時は別の地域に住んでいたのですが、近所で仲良く遊んでいた「知的障害児」の女の子と同じクラスになるんです。その子だけが体育の時間、教室にぽつんと取り残され、みんなと一緒に運動場で授業を受けることができないんです。六歳の私は、教師の差別的な対応を理解できなくて、何でだろうと不思議に思っていました。ある日、女の子のお母さんにそのことを話したら、学校が保護者会から抗議される大騒ぎになったんですね。自分の言ったことで大人たちが喧嘩する大騒ぎになってしまったと、ショックで学校を休むほどの熱が出ました。そんな幼い日の記憶が蘇って来たちょうどその頃、「青年の主張」というNHKのテレビを見たんです。これは二十歳になった青年の弁論大会で、全国から選ばれた人たちが成人式の日に優勝を争うというものです。小学校四年の頃から見るようになって、毎年楽しみにしていました。お姉さんやお兄さんたちが、こんな立派な考えを持っているんだと、いつも感動しながら聞いていました。

中一といえば、まだ精神もピュアで感じやすい頃ですから、運命の決定打を放つことになるんです。それは、「知的障害者施設」に勤務する保母さんの演説でした。当時は、まだ保育士なんていうことばが生れていない時代です。その保母さんが、自分のしごとについて意義と誇りを滔々と朗々と語るんですね。私はそれを聞いて、体の血が逆流するほどの感動を覚え、将来の仕事にしようと決意するんです。その決意は、高校を卒業するまで揺るぎませんでしたね。そして、上の学校に行き、保母資格と幼稚園教諭の資格を取り卒業します。

甲山学園に就職、そして、事件

私は、一九七二年（昭和四十七年）、徳島文理大学短期学部保育学科を卒業します。保育科の学生は百人いましたが、「知的障害児施設」に就職を希望しているのは、私ひとりでした。卒業して実家に帰り、愛媛のどこかの施設で働こうと考えていたのですが、親しかった愛媛出身の音楽科の友人が、神戸市の教員試験に受かり、愛媛みたいな田舎に施設は少ないから就職は難しい、神戸は都会だから施設も多くあるし就職に有利だと、神戸で一人暮らしは寂しいものですから、私をしつこく誘ったんです。それも、まあ、いいかと思って、兵庫県庁からリストを取り寄せ、就職先を探したんです。最終的に甲山学園に決めたのは、初任給が他より二千円高かったからです。この二千円も、今から考えると、運命の歯車になりました。

甲山学園に就職する時、ペーパー試験と面接試験がありました。試験問題は、「日本国憲法と児童福祉法の関係について述べよ」というものでした。法律などは全く無知でしたから、試験はお手上げでした。そこで自問自答することにして、何故このような施設で働きたいのかの思いの丈を、九〇分の試験時間を目一杯使い、答案用紙にびっしりと書いたんです。試験は単に形式的なものだったかもしれませんが、とにかく採用されたんです。私は、甲山事件をおんぶして生きることになるわけですね。岩波文庫に西洋哲学を説明した『ソクラテス、ビフォーアフター』というのがありますが、私の人生は「甲山事件、ビフォーアフター」になりましたね。

私が施設で働くことに、父は猛反対でした。そのため、私の知らないうちに、父の友人が経営する幼稚園に就職が決まっていました。「悦ちゃんの崇高な気持ちはよくわかるが、日本の将来を背負う子たちの役に立ちなさい」と言われました。それを聞いて我が親ながらなんて差別的な人だろうと思いました。施設に就職するなら親子の縁を切るとまで言われました。でも、私の決意の固さを知り、最後は折れましたが。そんな父でしたが、長期の休みに、親がなく帰る家もない担当の子供を実家に連れて帰ると、温かく迎え入れてくれ、ドライブなんかにも連れて行ってくれました。なのに、最初の逮捕で釈放され実家に戻った時、「親の言うことを聞かず、施設に就職したから罰があたったんだ」とか、「悦ちゃんは、本当に極楽とんぼの人間だったから、これでちょっとは性根が座ったやろう」と、言いたい放題言われましたね。

最初の逮捕時、父は友人の新居浜市議を伴って、西宮署長に会いに行きます。取り調べの刑事から、「被疑者の親が市会議員を伴って西宮署に乗り込んで来たのは、前代未聞や」と聞かされ、その事実を知りました。再逮捕の時は、東京の方では田中角栄氏もロッキード事件で拘留されていたので、神戸拘置所に面会に来た時、「田中先生も頑張っているから、これは長い闘いになるから、悦ちゃんも気をしっかり持って頑張りなさい」と、妙な励ましを受けました。また、元検事で田中角栄氏の弁護をしていた高橋なんとかという弁護士に、私の裁判の見通しを聞きに東京に行ったりもしました。帰りに、保釈されていた私のところに立ち寄り、「悦ちゃん、高橋弁護士に相談したら、これ証拠ないから、無罪やと言ってくれたから、安心しなさい」と言って、四国に戻って行きました。娘のことが心配でじっとしていることが出来なかったんでしょうね。ありがたいといえばありがたいのですが、大弁護団も結成されていましたから、大きなお世話といえば大きなお世話です。

甲山事件から学んだこと

私は、甲山事件でデッチあげられるまで、冤罪に対する理解も、メディアリテラシーも、持ち合わせることのない、その辺にごろごろいる常識的な、人間のひとりに過ぎませんでした。そんな一市民が、ある日突然、司法権のど真ん中に引き摺り出されてしまったんですから、一八〇度意識転換を迫られましたね。それまで信じていた、日本国民は、人権尊重の日本国憲法に守られているという考えは、見事に覆されましたね。

人権尊重の日本国憲法を百遍唱えても、そんなものなんの力にもならないことが解りました。人権は、闘わなければ守れないことを、身をもって痛いほど解りました。その闘いの武器として、日本国憲法があるんだということを、理解することになりましたね。私が、甲山事件の体験から一番学んだことは、法意識を持ち闘わねばならないということです。

日本の市民運動を見てきて思うことですが、日本の市民運動には、法意識が欠落しています。みなさん、全国で国家権力と闘って頑張っているんですよ。でも、その闘いは情緒的です。権力の側は、法を成立させ、次々と民衆に圧制を強いているのですから、それを情緒だけで批判していては負け続けます。市民運動は、学習会もいっぱいやっていますが、法意識を育てるものはありませんね。私たちは、法治国家に生きているのですから、法意識を持った闘いが必要です。

それともうひとつ甲山事件から学んだことは、甲山事件という小さな世界が示した事件への対応が、日本の縮図であったということです。国家権力の介入は、甲山事件の人間関係を簡単に破壊しました。警察は、事件が起こるまで甲山学園の存在さえ知らなかったのです。何の捜査もせず、二名の遺体発見と同時に、職員による殺人事件として断定しました。警察の判断ミスが、甲山事件を冤罪にしてしまいました。警察の判断ミスはそのまま報道システムに乗って、全国津々浦々に届きますから、甲山事件は殺人事件として社会に固定してしまいました。甲山学園に従事する人間が学園の様子を一番解っているのですから、一丸となって警察の判断ミスに異を唱えなければならなかったのですが、そうなりませんでした。警察の捜査に飲み込まれ、昨日まで共に働いていた同僚に、疑いの目を持つようになっていき、職員逮捕に向けた全体主義があっという間に甲山学園を覆い尽くし、私のアリバイを証言する園長や二名の同僚は、非国民呼ばわりされました。職員ばかりでなく学園の保護者たちも、全体主義の中に位置しましたね。

四十数年前に起きた甲山学園という小さな世界で起きた全体主義は、安倍政権下の今の日本の状況と重なります。反対の国会デモなどありましたが、参院選で安倍政権は圧勝しました。第三次世界大戦前夜のような日本の政治状況を、日本の民意は異議なしとしたのです。三％の消費税が打ち出された時、日本の民意はこぞって反対し、社会党を圧勝させました。お金の問題で動いても、平和や人権の問題で動かないのが日本の民意なんですね。

野党の衰退ぶりには酷いものがありますが、まともな野党の存在がないと、私たち有権者の一票は、大きな抵抗勢力を作り出すことはできませんよね。第三次世界大戦は核戦争ですから、私たちは覚悟しておく必要があります。生き延びたとしても、原発銀座の日本に待っているのは、福島原発事故の比ではない阿鼻叫喚の世界です。巨大地震がいつ起きてもおかしくない時期に入っていますから、そうなると富士山も爆発するかもしれませんし、もう日本列島沈没です。

置かれている事態は深刻なんです。なのに、バラエティー番組やグルメ番組が横行する日本のテレビ文化が象徴するように、日本人は浮かれ楽しく生きています。こんな国民性って、世界のどこかにまだ在るんでしょうかね。歴史にも学ばない、原発事故にも学ばない、日本の国民性は刹那的で独特です。こんな国民性の国家が、国連の安全保障常任理事国の座を欲しがっているんですから。つくづく日本は、アメリカと同じくディーセンシー（節度・品位）のない覇権思想国家だなと思いますね。

関屋俊幸

一九五〇年生。サンテレビに入り、報道、制作などの職場を経験。甲山事件などマスコミの報道の在り方に疑問を持ち、山田悦子さんらと共に「人権と報道関西の会」の設立に参加。現状の逮捕即犯人視する実名報道から権力チェックに軸足を置く匿名報道への転換など市民の側に立つメディアを呼び掛けてきた。

父の戦争体験

私は一九五〇年、ちょうど朝鮮戦争が起きた年に福岡県早良郡という佐賀県との県境に近い田園風景の広がる山間部で生を受けました。父と母は従妹結婚で、親戚同士の結束も強い、とても封建的な色彩の濃いところでした。両親はそれぞれが大家族で農業を営み、父は七人兄弟の末っ子ということで早くから独立を考え、船員になろうと十三歳の時に鹿児島の商船学校に入りました。太平洋戦争の始まる直前の入学で、波の強い日でもボートで本土と桜島の往復を命じられるなど「死ぬような」訓練で精神的に随分鍛えられたと話しています。

母も手に職をつけたいと福岡市内の洋裁学校に通い、卒業後は近所からの注文を受けて既に十代で当時の男性並みの収入を得るなど独立心の強い人でした。

当時は軍国主義の時代で、父は出征こそしませんでしたが、民間の船会社に入り「お国のために」という強い気持ちで物資運搬の仕事をしていたそうです。

当時の話を断片的に聞くことがあったのですが、詳しくは知りませんでした。そして父が亡くなってから遺品の整理をしていて、ワープロ印刷した自分史を見つけ、彼の生きた証の記念として一冊の本にしました。

その自分史によると、父は戦争中に朝鮮半島の沖合で魚雷攻撃に遭い、乗っていた徴用船は沈没。投げ出された後に機銃掃射を受けて乗組員の大半が亡くなり、自分も銃撃を受けて重傷を負ったまま数時間漂流。たまたま通りがかった漁船に運よく助けられ、朝鮮の病院に運ばれ一命を取りとめます。そして入院中に終戦を迎えますが、朝鮮在留の日本人の間で「朝鮮人が襲ってくる」という噂が広まり傷も癒えないまま慌てて病院を脱出。二カ月ほどの間、民家で隠れるように過ごし、現地の日本人互助会の世話で、なんとか無事に帰国できたと書いています。

父の腰にあった皮膚がよじれ、ひきつって陥没までしている多数の傷の秘密、父と朝鮮との思わぬつながりを自分史でより詳しく知るようになりました。

父とは長年、考え方や生き方に大きな溝というか壁があって「敵対関係」と思っていた時期が続いていました。それが晩年になって父が変わったのか、僕が変わっていったのかわかりませんが、少しずつですがほぐれていき、自分史を見てようやく父の生き方、考え方を理解し、受け止めることができたようにと思います。

父が自分の家を持ちたいと頑張り、家族を幸せにしたいという思いで頑張ってきた人だということ。そして人を騙したり、曲がったことが大嫌い。他人の迷惑になってはいけない、自分がやらねばならないことはキチンとやり遂げる……。厳格に自己を律することができるいい父親だったんだなぁと思いました。長年続いた葛藤、怒り、憎しみの部分が少しずつ自分の癒しになってきたと思います。

と同時に、自分との違いも確認できました。父は軍国主義の影響を多分に受けた人なんだということです。商船学校時代の友人と互いに戦友と呼び合い、国や社会に役立つ仕事をしてこそ一人前という考え方。戦後生まれの私には到底理解不能のスパルタ主義、精神注入教育の激しさ。終戦前の輸送船の撃沈を「不運だった」と諦め、国の間違った政治、あり方の犠牲になったとは考えない人でした。国が決めたんだから仕方ない、国にたてついてもどうしようもない、国が大変な時だから自分が頑張るのは当たり前ではないか。たとえ戦争中であっても自分に与えられた仕事を忠実にこなし「故郷に錦を飾る」、「ひと旗揚げる」という強い思いがあったのではないでしょうか。まさに模範的な「天皇の赤子」、「皇国臣民」だったように思います。

受けた教育も背景にはあったのではないでしょうか。父だけがそうではなくて、当時の多くの人たちはそう生きたんではないのでしょうか。

学園紛争は「アカ」

高校生の時には高校生紛争の波が全国的に起こり、通っていた学校でも制服制帽の強制や安保条約に反対して卒業式を封鎖するという出来事がありました。私は封鎖に参加はしなかったのですが、クラス討論では割と積極的に発言していきました。その話を父にしたら、父が真っ先に言ったのが「アカ」という言葉でした。「国のために命を張るならわかる。しかしそんなアカのような（封鎖のような）ことをして一体どうしようというのか」と僕の言うことには全く耳を傾けてはくれませんでした。高校生の時に「アカ」と言われたのはとてもショックな体験でした。戦前の小説なんかを読んでいてそういう言葉があるのは知っていましたが、戦争が終わって何年も経っているのにそういう言葉を直接ぶつけられるとは思ってもみませんでした。

当時はオヤジに対してただ無理解な人だと思っていましたが、大人になるにつれて父の育った時代の教育とか空気を勉強するようになって、あの世代の人たちは「お上の言うことに反抗することをアカと考えるんだな」とわかるようになりました。

そういう考えは父に限らず田舎の空気も似たようなものだったと思います。各家庭には天皇の真影や戦争で亡くなった人たちの軍服の遺影が飾られています。また地域には部落差別、朝鮮人差別などが色濃く残っていました。戦争を支えた思想が色濃く残っていた地域だったと思います。私の田舎では戦争責任という用語は戦争を起こした国の責任ではなく、戦争に負けてしまった責任、つまりは自分たちの力が足りなかったという意味で使われていました。

人間としてはとても素朴で優しい人たちなんです。小学校から大阪に出てきたのですが、帰省するたびに多くの親戚が集まり歓待してくれます。私が学校に上がると万年筆を送ってくれたり、親戚での困りごとはみんなで話し合って何とかしようとする善意溢れる人たちでした。だから田舎のことが嫌いという気持はありません。それどころか思いのいっぱい詰まった私の故郷だと素直に思います。

一方で、自分の育った故郷の山や川、そして人々を愛おしいと思うと同時に、人には超えることのできない思想性がある、話しても理解し合えない空間があるんだ……ということも感じ始めていました。

大学時代ですが入学して半年間、授業がありませんでした。学生運動の真っ最中で、学生たちが学内を占拠していたのです。運動のスローガンは新安保条約反対であったり、学費値上げ反対であったり、学内の管理強化反対などでした。金沢という土地は東京など中央の学生運動が二～三年遅れで入ってきていたように思います。学生の中には学生運動を経験していた日大や東京教育大出身者もいて、（弾圧が厳しくて）中央から地方に戦線を移してきた学生たちが毛沢東ばりに「後退戦」を繰り広げる、そんな人たちもいました。

僕は自称ノンポリ系全共闘みたいなもので、クラス討論、デモなどにはよく参加しましたが、様々あった学内の党派の考え方にはどれもしっくりきませんでした。「自分たちが世の中を変えてやる」という思い上がった意識、エリート意識があって、それは長続きしないのではないか、そんな予感みたいなものがあったんだと思います。

そんな中、文化サークルで作るサークル連合の委員長になり、安保条約反対、核付き沖縄返還反対などの政治的スローガンを訴えつつ、サークル活動に対する援助や部室改善などの諸要求で学校当局と交渉することになりました。

交渉ではどの要求を優先的に交渉していくのか、サークル間で話し合うのですが、なかなか意見がまとまらず、不満を持ったサークルが脱退するというような局面もありました。

学校当局との交渉では学生のまとまりが必要なのに、要求する学生の間ではポロポロと交渉の場から離脱していきました。何かを要求していくには組織が必要で、大勢の人たちがまとまって交渉する。そのことには大体の人が賛成するんですが、いざ交渉を始めていくと利害が対立して相手側から足元を見られる、そんなことも経験しました。

組合運動と甲山事件

就職はたまたま縁があったサンテレビになりました。会社に入って影響を受けたことは二つありました。

一つは組合活動です。サンテレビは後発局でネットを持たないため自社制作比率が他のテレビ局と比べてはるかに高く、「ヒト、モノ、カネ」に恵まれない中、先輩たちは頑張ってきました。私は会社設立五年目に入社したのですが、入社する前年に組合が出来て様々な課題で会社側と対峙し交渉していました。組合の闘争の歴史はここでは省きますが、ここで学んだことは、労働者はモノを言わなければ会社のいいように扱われてしまうということです。

満足できない現状を変えたい、変えようと思う意思を持った人間が声を出し、行動すれば会社も言うことを聞くことがあるということ。このことを知ったのは自分にとって大きな体験でした。「聞くことがある」と言ったのは、組合があって強力に闘争を進めても解決したり、前進しないことの方が多かったということです。つい最近亡くなったある先輩は「労働者は負け続ける」とまで言っていました。

大切なのは要求を叶えたいと思う意思を持った人間がビラを配り、ストライキに参加し、労基署や株主など会社を取り巻く団体と掛け合うなど、厳しい現実を変えようと起ち上がる行動でした。行動を起こす人間の意思でした。世の中はこうやって変わっていくんだ、と教えられました。

二つ目は甲山事件です。マスメディアは言論の自由を基に国民の知る権利に応える、真実を伝える、国民の福祉向上に寄与すると口では言っています。しかし甲山事件は警察が作った冤罪でありますが、メディアも実名報道で山田さんを犯人と断定する報道を繰り返し、いわば山田さん＝犯人として積極的に冤罪づくりに加担しました。

取材の中で山田さんをはじめ甲山支援の人たちと知り合い、いろいろと影響を受けましたが、山田さんの発言の中で「マスコミは人を叩くばかりで困っている人に手を差し伸べない」というのがありました。事件報道ではだれが犯人かに重きを置いて伝え、まだ逮捕されていない人を犯人視する報道を繰り返しています。犯人扱いされている人はたまったものではありません。自分だけではなく家族、友人に至るまでスポイルされています。マスコミは客観報道を唱えますが、その情報は警察の夜討ち朝駆けで手にしたもの。その中で疑われている立場の人を「犯人」のように見てしまい、結果的に無実の人まで追い詰める報道をしてしまいます。私は警察側の見方だけでなく、疑われている人の立場からの意見、訴えを取り入れる報道活動をしたいと思いました。しかしいざ仕事の場では、そういったやり方は報道の役割を逸脱しているとか客観的でないと批判する人も出てきました。

今も事件報道は実名報道で、容疑者即犯人視する報道を続けています。報道の人たちは今も甲山事件を語ることができないと思っています。なぜなら無罪を勝ち取った大きな要因は闘った当人と弁護士や支援者らの格段の努力であって、マスメディアは無答責だからです。山田さんの無罪判決の報道は大きく扱いましたが、それは結果についてきただけのこと。権力志向主義、権力の判断にべったり付き従っているだけのことです。今の報道だけがおかしいのではないと思う。昔もおかしかった。僕が記者をしている時代にメディアが発掘した冤罪はほとんどなかった。メディアが率先して冤罪を取材し発掘した事例は本当に少ない。

法律が変われば時代が良くなる面もあるが、それだけでは足りないと思います。メディアに働く一人ひとりが自覚して冤罪を作らせないという機運をもっともっと高めていかないと本当に変化することはないと思う。体制さえ変われば良くなるということはないと思います。

冊子発行への思い

日韓条約についてですが、五十年も前の条約を今頃になってアレコレ言っても仕方ないじゃないかという意見が大勢だと思います。それも承知のうえで言うんですが、ドイツのワイツゼッカー大統領は有名な「過去に目を閉ざす者は、現在にも盲目となる」の言葉を残しました。日韓条約は現在も日本と韓国の関係を規定しています。条約に込められた思想は現在も生きているわけです。その思想を変えていく一つの重要なキーポイントが日韓条約の結び直しだと考えています。

ただ状況はますます悪くなっている。当の韓国があいも変わらず日韓条約改定を言わない。日本政府は侵略責任については条約で解決済みとしている。そういった中で条約を変えないといけないと一民間人が言っても、どんな意味があるのか、という声も聞きますが、責任を取るというのはやはり新しい条約を作ってそこに咎責を盛り込むことではないのか、そう思っています。

安倍政権は「美しい日本」とか「強い日本」を打ち出していますが、それも既に日韓条約に込められていた思想だったのではないか。そこを見抜かないと咎責にならないのではないかとそう思っています。

Ⅲ　座談会第2部

戦後七十年と日本国憲法七十年

関屋　二〇一五年は戦後七十年で日本が歩んできた道を検証しようと様々な出版物が出ています。で、座談を始めるにあたり、私の問題意識から話しますが、現在は安倍首相に見られるように戦前回帰を思わせる現象が見られています。これは単に安倍晋三首相の政治がそうであるというのではなく、明治の思想、政治が今も続いていて、現在は平成だが明治一四八年ともいえる時代に生きている、そう考えるべきではないかと思っています。

そういう問題意識で山田さんと相談し、ぜひ次の世代に私たちの思い、考えを伝えておくことが大切ではないかということで、今回の冊子づくりとなり、皆さんと集まる機会を持ちました。最初に山田さんから口火を切っていただきたいと思います。

山田　安倍政権になって、日本の右傾化に拍車がかかっていますが、自民党政権が、戦後次々とバトンタッチして来たものだと思います。小泉政権時の海外派兵に良心的な日本国民は、新聞に憲法9条を守る意見広告を出し抗議を表明しましたが、何の力にもなりませんでした。今でもはっきり憶えていますが、私は朝日新聞を取っているのですが、読売やサンケイはともかくとして、この初の海外派兵に朝日は大反対の論陣を張って抗議し、世論を喚起するのではと期待したのですが、そうはなりませんでした。その時、「ああ、この国のマスコミの体質は戦前と同じなんだな」と感じました。そして、だから警察発表を鵜呑みにした、権力監視なき犯罪報道を変えることも出来ないんだと思った次第です。

安倍政権の極右的エネルギーは、一朝一夕に出来たものではなく、日本の政治が七十年をかけて溜めたものです。それが、今、世界に放出されようとしているんです。アメリカとの安保条約を幾重にも強化させ、既成事実を積み重ね、憲法9条改定に向けた道程を、ひたすら歩んで来たのが、戦後の日本政治の七十年です。その結果が、今、証明されているのではないですか。

ドイツも右傾化しているなどと言われますが、難民問題ですから質的に全く違います。ナチスドイツ時代に先祖返りするような右傾化ではありません。そこが、日本と違うところです。日本の動きは、戦前回帰です。

原因は、はっきりしています。戦後、アジアと向き合ってこなかったからです。ドイツは、ニュルンベルク裁判以降、周辺諸国と真摯に向き合ってきました。ドイツ在住四十年以上のジャーナリストの永井淳子さんは、そのことを、雑誌『未来』にリポートし続けています。国家は国民という人間が構成しているもので、人間の心は国家の心でもあるわけですから、人間の心が生み出すドイツの戦後の政治性は、フランスと友好国になれたわけです。日本は、アジアにドイツに見るような友好国を、全く持っていません。いつまで経っても韓国は、近くて遠い国ですし、朝鮮半島のもうひとつの国に対しては、敵視政策をとり続けています。

中国と締結した日中平和条約に反する行動をとってきたのは、日本です。アメリカとの軍事同盟強化を中国が警戒し、対抗措置行動に打って出るのは仕方ないことです。ソ連を崩壊させた後、次は中国の崩壊を狙っていたアメリカですが、なかなか思うようになりません。アジアの不安要因になっているのが、アメリカと日本です。アメリカとは何か、日本とは何か、という検証と分析が、今、改めて私たちに求められているのではないでしょうか。

北極が凄い勢いで溶け出し、氷河に閉じ込められていたメタンガスが放出されています。メタンガスの熱効力は二酸化炭素の比ではなく、二一〇〇年には地球の気温は四度上昇し、もうこれは止められない深刻な事態になっていると、アラスカ大学にいる日本人研究者が、テレビのドキュメンタリー番組で言っていました。歴史から解るように、軍事力と経済力は一体のものですから、この辺で人間の物欲の矛を収めないと、地球の空気さえ吸うことが出来なくなってしまいます。人間以外の生命体も道連れにするのですから、人間の欲望は、地球を破滅に追い込んでいます。こんなことが許されるわけがありません。

私たち人間には、これからの歴史を作る時間さえ残されていない危機的状況のなかにいます。残された時間内でせめて私たちに出来ることは何かと考えると、ここに集まった私たちは、やはり人間の歴史の作り手としての資格と義務があるわけですから、それに応えるために戦後七十年の検証が必要だと考えます。

高田　私は東京で国会を囲む運動、「安倍やめろ」というやむにやまれず、複雑な思いもかかえながらも「行かなきゃ」という思いに突き上げられて行っている。地域の練馬区でも九月に大々的な動きがある。市民運動との繋がりはずっとあるが、「9条守れ」「安倍政権やめろ」というポスターを貼ってもらう運動を地域でやっていて、「家族がだめというから貼れない」という人や「この家は過激ね」という人もいる。そういうそれぞれの感じ方があってセンスが違うとかいう卑近な話も含め、一九四六年生まれで戦後民主主義に育ったわたしが若い人たちやいろいろな世代と差異があるのを感じながらやってきている。戦後七十年ということでいろいろな言説が出ているが、その中で安倍がやることに学生が目覚めた、政治的に目覚めた人も出てきている。私は朝日新聞しかとってないが、テレビと新聞という情報のなかで、どういう言説がまかり通っているかをみている。いくつかヒントになる意見がある。安倍も空疎だが、市民の側も9条頼りでどう9条があらねばならないかを問うてきたのか、そういう状況の中でこの国の状況を見てみると世界の中で特異な国だったことがわかる。戦争責任をとって来なかったというそのことから発して、こういう状況になっていると思う。「国家は常に戦争を仕掛ける」といわれるが、人類の歴史はそうだったのではないかと思う。国家に対して市民は戦後民主主義の中で9条頼みでやってきたが、どういう国家をわたしたちは希求してきたかという点を持ちえないまま「9条、9条」でやっていると、対抗する「こうありたい」というものが浮かび上がってこないまま、形としては国を支えてしまうことになるのではないか、というのがいま心ある人の論調だと感じている。一国平和主義というが、そうじゃないありかた、世界を視野に入れて日本は憲法９条や前文のいうような名誉ある地位をどう占めるのか、その中身を作り上げる地道なことをやらないと。それが成就しないとしても、持たないでやっていくのと、持とうとしてやるのではまったく違うので、持とうとする側でどうするのかということ、それがこの本を作ることの基本にならないといけないと思っている。

戦争と日本

高橋　日本は明治以降一世代ごとに戦争をしてきた。明治維新以降、日本がかかわった主な戦争は十ほどあるが、そのほとんどが侵略の戦争で、このほかに知らない小さな侵略もたくさんあった。

戦争は一世代、三十年に一度しているといえる。近代の戦争は基本、宣戦布告して国際規約に則ってするものだから、日中戦争は当初「事変」と呼び「戦争」と称していない。戦争ということで切り取ると、戦争の詔勅は共通している。日清・日露、太平洋戦争も同じ。（資料編「太平洋戦争」「日露戦争」「日清戦争」の宣戦詔書参照）それはまさに「（相手国の悪行に）やむにやまれず」「干戈《かんか》をとった」「干戈を交えることになった」といっている。つまり堪忍袋の緒が切れたと。「平和のためにやった」というのが決まり文句。安倍さんは、まさにそれをやろうとしている。

関屋　平和を力に頼る、数に頼る考え方。歴史というのは勝者史観。勝った側から歴史をみる。だれがだれを抑えつけて、こんな富を取りました、こんな領土を獲得しましたという歴史を日本人は好む。

山田　「神功皇后の朝鮮征伐」の言葉が意味するように、日本の歴史観は侵略史観ですよね。安倍政権は、それを隠さず鮮明に打ち出しています。

関屋　古事記、日本書紀は日本人の考えた日本の原型だが、基本的に侵略史観に彩られている。

山田　日本から侵略史観が消えたのは、江戸二七〇年の間だけです。徳川政権が作り出した、「パックス・トクガワナ」は日本国憲法９条の世界を産み出したのでした。徳川政権が作り出した平和は、世界に唯一誇れる日本の歴史です。それを破壊したのが、薩長の軍事同盟でした。憲法9条を破壊する安倍首相は、平成の長州藩士です。吉田松陰、伊藤博文という長州藩から生まれた思想は、平成の長州藩士安倍さんにしっかり引き継がれています。安倍さんは、伊勢神宮のある伊勢・志摩でのG7サミット、アメリカ大統領の広島訪問を成功させました。次に、プーチン大統領との対談を山口県で行うということですから、もう、これは完全な、明治維新のリセットです。

高橋　「戦争やることはない」といっているが、口先だけのことだ。「その場にならないとわからない」「その時に判断する」というが、過去の戦争で誰が判断して火蓋を切ったのか、責任がはっきりしない。いちおう天皇の詔書が根拠になっているが、書いたのは天皇ではない。ドイツと日本は決定的に違う。（ドイツは）第一次大戦も第二次大戦も民主的な手続きの中で行われた。その決定に国民が参加したという認識はあったと思う。ナチスだけで戦争したとは思えない。（日本も）いま国会がきちっとあって民主的な形として戦争にもし入ったら、そのドイツと同じ形になる。これは決して過去の問題ではなく、いままさに戦前だという認識が必要だ。メディアも財界も知ってか知らないでかその方向に歩んでいる。一度やったことを忘れてしまう、いいことだけを覚えていて、そのあたりが自分も含めどうだったかと……。

憲法9条の継承、メディアの責任

高橋　もう一つは、次の世代に伝えたかどうかということ。若い人で八月六日を知らない広島市民が半数もいるという。長崎の市議会が戦争法案を支持している。それがわからない。七十年平和だったことが「9条のおかげではない」ということが堂々とまかり通っている。日米安保条約で守られているという。これまでアメリカに言われて危ないことがたくさんあった。しかし9条があってやらなかったと。本心ではやりたいのでしょうけど。9条があったので断ることができた。私はやはり９条があったから七十年間戦争しなかった、できなくてよかったと思う。

もう一つは、いま防衛費は五兆円ですか、昔は「国民総生産（ＧＮＰ）の一％以内」と定めてきた（一九七六年、昭和五十一年三木内閣が防衛費を国民総生産・ＧＮＰの一％内にとどめる方針を閣議決定。八七年度予算で撤廃、中期的な防衛費の総額を示す新基準に切り替えられた）。そんなしばりはいま全くない。ＧＤＰ（国内総生産）比率をマスコミもまったく言わない。一％しばりが軍事大国にならない歯止めだったと思うが、ただ単に「過去最大の五兆円」というだけ。オスプレイに使うとか何に使うのかではなく、トータルとして防衛費がどうなのかマスコミもきっちりと考えて伝えてほしい。

山田　一九八〇年代の頃はまだ、日本には防衛費の増大に反対する社会の声がありましたが、そのうち防衛費が膨れ上がっていっても反対しなくなり、今は無反応です。

高橋　聖域なんですね、防衛費は。桁が違うのに。

山田　六人に一人の子供が、満足に食事もとれない事態に社会が陥っているというのに、防衛予算を子供たちに回せという声が、日本のどこからも上がってきていません。日本のモードは「勝つまでは欲しがりません」の、かつての戦時下の意識になっています。

高橋　それだけ物分かりがよいのか。痛い目にあってないので。

山田　戦争に負け、原爆が落とされたりして十分痛い目にあっています。でも日本にとっての痛い目というのは、太平洋戦争に負けたことなのです。勝った日清・日露を痛い目としては捉えていません。日本の戦争責任は、太平洋戦争に負けてしまった責任ですから、勝った戦争には、何の責任も感じていません。ですから、戦前と同じような国家体制を生み出すことが出来るんです。ここが、ドイツと全く違うところです。

高橋　「９条があったから平和だった」ということを説得できるのか。「９条がなくても平和だった」という言説、「『９条があったから平和だった』は嘘だ」というビラがいま街頭で撒かれている。安保法案を通せというビラをまいている。JR六甲道駅前で若い人が配っていた。

関屋　安倍首相が国会で「安保条約があったので日本は戦争せずにすんだ」「安保に反対していたのが憲法学者だった」という趣旨の答弁をしていた。日本の植民地支配、侵略でアジアを戦乱に巻き込んだ反省は全くみられない。9条は二度と軍事力で世界に迷惑をかけないという日本の決意だったはずだが、いまや9条が日本の安全を脅かしているという論調が高まっている。そんな国会での答弁がテレビ中継で広められるとますます信じる人が増えるだろう。高橋さんが危惧されていることはもっと広がっていくことだろう。

もう一つ、高橋さんは「マスコミがおとなしい、もっとチェック機能を果たせ」と言ったが、辺野古問題で見直しをいう沖縄県知事が誕生したが、時事通信社の記者が菅官房長官の記者会見で「国としても、ある意味、見限ってもいいような気がする」「そんな連中は放っておいていいと思う」などと発言。いわゆる具申したことがあって、時事はその男性社員（四七）を出勤停止一日、上司の経済部長を減俸の懲戒処分としたということがあった。中央のマスコミはチェック機能を発揮していない。地方紙はまだ健全だが、中央に近づくほど権力に飲み込まれているのが現状で救いがたい状況ではないか。

山田　そもそも日本のマスコミは、世界に通用する権力監視の思想を持っているのでしょうか。

関屋　民放労連の方針の中に日本の基地化に反対する方針があったが、東京のテレビ局を中心とした労組からこの方針に、反対する声があがってきた。その理由は、「民放労連の方針は一方的な見方だ。安保が日本の安全を守っている」ということで、九〇年代から徐々に平和に対する捉え方が変わった。答責会議でずっと指摘した平和と、大手マスコミのいう平和とは意味が違う、次元が違う。民放労働者の中でアメリカと共同して安全を守り、アメリカがだらしなかったら自分たちがリーダーになって危険を抑え込む、それが平和だ、という考え方が広まっているのではないか。

高田　世界も日本をどうみているのかという報道の中で、そういう視点をマスコミがきちんと自身の考えとして明確にしないと、現象ばかりの報道では違ってくる。いろんな論者に語らせてはいるが、マスコミは国家権力に対しての物申す、対峙する姿勢、チェック機能が弱すぎる。

高橋　いまから思うと若いころは過激なことをやった。議会筋から番組にクレームをつけてくることがあった。労組が自衛隊キャンペーン番組や原発の番組の放送に徹底的に反対していた。大きなスポンサーからの持ち込みだから地方局にとってはせっかくの広告収入がなくなるわけで、あの頃七〇年代には関電のＣＭに「原子力で頭を刈ったろか」というのがあって、労組はそれをおかしいと指摘していた。政府広報の自衛隊キャンペーン特番にも、神経質に反対して止めたこともあった。今もあるかどうか分からないが、全体がおとなしくなっているのかな。

平成ニッポンで進行していること

高田　新聞記事にあった例だが、「高校生、中学生が意見を持っていること、そのこと自体が問題だ」という趣旨のことが書いてあって、それはどこの世界も同じ、大人の世界も同じだと感じた。自民党でないとアカだということになっている。地域でも「胡散臭いもの」と感じているのが伝わることがある。町会で配られる防犯ポスターを貼らされるのだが、「こんなものは文化の低いことば遣いだし、美的センスにあわないから、うちは貼らない」という家のほうが少ない。戦争を支えた国防婦人会のように国のやることに一生懸命にならない者は非国民と言われる、その空気と同じ質のものではないか。防犯カメラがあっという間に張り巡らされた。それについてのアンケートもあって、「これ以上増やさないほうがよいと思う」と書いて出したが、きっとやり玉にあがると思っている。こんなことが東京の二三区の一地域でまかり通っているのが不思議。

関屋　防犯カメラは去年自宅近くで小学生の事件（神戸市長田区で行方不明になった小学一年生の女児が殺害された事件）があって大騒動になったが、事件後に市会議員を介して「防犯カメラを倍増する」、「設置費用を補助する」と働きかけがあった。署名用紙を回してきた人に「増やすだけでは犯罪を防止できませんよ」と言ったが、逆に「事件が起きても何も思わないのか」と返されてしまった。

山田　全体主義に簡単になれるのが、日本の国民性です。

関屋　防犯カメラは、気づくと増えている。私の住む地域ではこのチャンスを利用しないと、という人が多い。

高橋　昔は考えられなかった映像が簡単に手に入る。どんな所にも監視カメラがある。その映像はテレビ局にとっておいしい。ＹｏｕＴｕｂｅでどんどん入手できる時代。社会がビジュアルな形で監視されている。それをどう使うかだが、市民社会が萎縮する場合もある。そういう社会を止めることはなかなか出来ない。それに異論を挟むことについては、たとえば背番号制に対しても、流れに反対する人は変わり者だと選別して排除しようとする。それがいちばん怖い。きのうまで仲良かった人が密告者になってしまう怖さもある。

山田　甲山事件で、昨日まで共に仕事をし仲良く語り合っていた同僚が、警察の協力者になっていきました。

高橋　安倍一強はまさにファッショ体制。「何も決められない政府は弱い」とか「リーダーシップがないのはだめだ」と言っているが、国民の中にもそういう考えがあって安倍内閣を支えている。その人の資質ではなく、リーダーシップをとって強引にやれるかどうかで支持を集めている。総裁候補のライバルも出てこない。出てきても次から次と籠絡されている。保守が悪いとは言えないが、ファッショはいかんと思う。ファッショは一番悪い。

山田　日本はすぐファッショになる。イギリスも保守的だが、ファッショとは無縁。その精神性が問われる。

侵略責任と戦後補償

関屋　項目としてぜひ入れておきたいのが侵略の責任の問題だ。さっき高橋さんも触れていましたが、今、日本では右傾化が進んで実態的に憲法が改定された状況になっていて、時代はさらに進んで行ってしまったわけでしょ。なぜ日本はこうも簡単に再武装国家を目指し、軍事力で世界制覇の道を進もうとするのか。そういう方向に仕組まれているのではないか。いくら「憲法がある、民主主義だ」といっても七十年経った今そういう方向に行っている。そうなった弱さの原因だが、明治以降の朝鮮侵略、中国侵略、そしてアジア一帯への侵略と日本がやってきたことについての検証、分析がほとんど行われていないからではないか。市民レベルでは議論もされ、国会では社民、共産などが問題にしてきたが、日本全体としてはほとんど議論がなされていない状況だ。

戦後賠償の問題で言えばアジア各国とは当該国との二国間条約で済ませてきている。条約の中身は侵略の反省というのではなく、経済援助条約といえるものだ。日本の経済の海外進出を狙った条約といっても過言ではない。

日本政府はこれらの条約をもって賠償は済ませているという立場。戦後清算が終わっていないのは北朝鮮だけになっている。いまや戦後七十年で戦後賠償、侵略の反省などの課題は日本では無関心になっているが、実はそこの部分ができていないのではないか。そこが一つあると思う。

一九九六年に八カ月間、韓国に住んだ経験がありますが、とても刺激的な経験でした。そこで知り合った韓国人たちは、「日本は海外で戦争して利権にあけ暮れてたんでしょ」「日本の植民地支配で本当に苦しめられた。許せない」「弱い国なら植民地になっても仕方ないと思っているのではないか」「日本は植民地支配したことを反省していない」など様々な声を聴きました。

侵略責任の問題は慰安婦問題だけではない。文化財の返却、奪い取った文化財もまだ相当数、皇居に残っているそうだ。また強制労働の問題もあるが、今や当該者は亡くなろうとして期限切れみたいな状況になっている……。日韓条約が侵略の責任を取ったものとは到底言えない。日本が国家として責任を取っていないこと、そこが致命的に弱いがゆえに現在の状況が生まれ、そして状況を止められないということになっているのではないか。

日本の侵略史

山田　今日の座談のために高橋さんがここに用意してくださった、「幕末・明治以降の主な戦争」の資料（資料編参照）が、今の関屋さんの発言に対し、とても参考になるのではないでしょうか。

資料を一読して気づいたのですが、先程発言した「徳川の平和」に関してですが、あれ、私は撤回しなくてはならなくなりました。確かに、西洋の世界侵略との関係ではそういえても、ここに記されているように徳川政権は、一六〇九年にアジアである琉球を侵略・植民地化しているんですね。一八〇七年には今の北海道である蝦夷を侵略し、日本に組み入れているんですね。今から二十五年前になりますが、日韓史の学術会議が東京の日本学士院会館であったときのことです。会議で日本のある学者が、在日の問題を日本の部落差別や障害者差別と同じレベルで捉え発言したもんですから、在日の問題は差別の問題ではない、日本の侵略から発生している迫害の問題だと、韓国から参加した全員の学者に猛抗議を受けました。日本の参加学者は、みなさん、日本の社会問題に真剣に取り組んで当時活躍されていた方々ばかりだったのですが、韓国側の発言にショックを受けておられました。韓国の文化財保存を主張した柳宗悦も、あの時代に頑張った知識人として、日本では評価が高いのですが、韓国では嫌われていることも、その時、明らかになりましたね。韓国からすれば、宗悦も侵略者の日本人のひとりでしかないわけです。

その場に居た国語学者の寿岳章子さんは、父上が宗悦と友人でした。父上は、ダンテの『神曲』を訳した英文学者の寿岳文章です。章子さんは、子供の頃から宗悦おじさんから、朝鮮文化の素晴らしさを聞かされ育ちます。宗悦おじさんの朝鮮土産の工芸品に魅了され育つわけなんですよね。韓国併合の時代に、韓国に味方する偉い人だと、宗悦を非常に高く評価していたんですね。それが、否定されたものですから、他の学者のショックに比べ、そのショックは相当なものだったはずです。その寿岳さんが「日本では良き文化人と言われた人も、思想の限界があった」と、率直に認められる発言をしたので、その場は何とか収まりました。そこには恋愛の決闘で二十一歳の若さで命を落としたフランスの数学者ガロアの伝記を、九十三歳で書かれた数学界の重鎮で東大の名誉教授の彌永昌吉氏も参加されていました。参加当時は七十六歳でした。

その彌永先生も、私は東大で軍部の手伝いをしていたと、戦前の自分の行いを率直に告白されました。そんな学者間のやり取りを聞いていて、国際政治上は処理された問題であったとしても、それを超え別の流れを作り出し、処理された不条理を是正していく必要性を強く感じました。日本は、それを放棄していますが、ドイツでは政府が主導してそれをやっていますから、過去を賛美したりすると大問題になったり、過去に繋がる行為は刑法で処罰の対象になります。日本は、表現の自由で片づけられてしまっています。表現の自由って何ですか。権力の不正義を正すために国民に認められた、本当に大事な思想的武器としてある権利なのに、その意味がきちんと解されていません。なんでも自由に言って良いのだという、理解ですよね。表現の自由は、平和な国家作りに欠かせないスキルですよね。でも日本国民は、戦後、スキルの正しい使い方を身に付ける努力を怠ってきました。清水一行という推理作家が、甲山事件を題材にした『捜査一課長』という本を書いて、再逮捕の世論作りを買って出ました。放置しておくと刑事裁判にも良くないということになり、清水一行と出版社を訴える裁判を起こしました。清水氏は、その裁判の証言台で「私は社会派作家だ。アングルをどこに合わそうと、それは表現の自由だ。

この事件に有罪が出たら、この本を刷って刷って刷りまくる」と、豪語していました。作家にしてそんなレベルですから。

私は、人権尊重の日本国憲法のもとで、何故、無実の人間が二度も逮捕されねばならないのかを考え、その考えが行き着いた先が、一九四五年だったんです。アジアの人間の尊厳も人権も否定した日本の行為に、罪の意識もなく戦後日本を作り上げてきたわけですから、人権思想が育つわけがないということに気が付きました。それからというもの、日本の侵略の責任について考えるようになりました。自分なりに一生懸命その問題と向き合ってきたのですが、アイヌ問題も、沖縄問題も、日本の歴史に侵略史としてびしっと位置づけができていない、自分の思想のだらしなさを、高橋さん提出の資料で気づき、ちょっと今、愕然としています。

高橋　戦争でね、戦争責任を認めてね、ごめんなさいと謝るというのは、歴史的にドイツのワイツゼッカー（元独大統領）の例が出ているが、ではアメリカがどこかに謝ったのか、イギリスがどっかに謝ったのか、古くはスペインがね。戦争後のケジメというかそういうものが戦争というものにはあるものなのか、ないものなのか。歴史的に言えばあるほうが少ないわけでしょ。

あとは賠償責任とかそんなことで適当に国交回復のための友好条約を結んで終わりというものでしょ。人の気持ちというのはそんなもので、政府間でやれることは別に身近に感じないから、国交回復したら行き来ができるということがあるにしても、謝罪でもなんでもないわけでしょ。賠償っていうのは少しはそういう気持ちがあるけどね。

だから、戦争責任というのは、たとえば東京裁判で一応裁かれたということになってるけれど、どういうとり方が本当の責任のとり方なのか……。

山田　日本の保守勢力が言っているように、東京裁判は勝者の裁きであった思います。西洋もアジア侵略を行っていたのですから、西洋の罪に対する裁きはありませんよね。ドイツは、そのアジア侵略を行う西洋の国を侵略したんですよね。この罪に対する裁きは、あるんですよね。「帝国の時代」と言われる人類史の構図は、凄いものがあります。西洋のアジア侵略の責任を、日本に押し付け、西洋の侵略の罪をドイツで片づけ、歴史的決着をつけ、国際連合という国際政治の枠組みを作り、そこに国際社会がすっぽり入れられ、西洋主導の戦後国際政治が始まったんですね。負けた日本は、サンフランシスコ講和条約でそこに仲間入りし、今度はアメリカに付きます。よくよく考えてみると、勝者たちにとって、ニュルンベルク裁判も東京裁判も、歴史的セレモニーだったわけです。自分たちの侵略の罪は無答責にし、その罰を日本とドイツに丸投げしたのですから。日本の権力者たちは、このことをよく理解していると思います。だから、アジアから批判されても平気なんです。卑弥呼の時代から延々続く日本の侵略史は、日本の思想を侵略思想に染め上げてきていますから、人権思想を日本の思想に組み入れることは、容易ならざる問題になっています。「犯罪報道の犯罪」という、刑事司法の理念である「無罪の推定」を無視した日本の報道が改まらないのも、原因はここにあると、私は考えています。

ヨーロッパの一員であるドイツも、西洋の侵略史から逃れられない存在ですが、西洋思想が生み出した人間の尊厳という、人間社会の創造に不可欠な思想を自国の憲法に定め、その実現に真摯に戦後は向き合ってきています。だから、ワイツゼッカー大統領の演説は、世界を感動させたのです。ころころ変わる日本の首相の所信表明演説は、誰のを読んでも、こころを打たない空疎感があります。

高橋　アメリカなんかね、そんなこと感覚でもあるのかどうか。

山田　アメリカも日本と同じで全然ないです。日本に落とした原爆を、正義として位置付けているんですから。こんな二つの国が、アジアの平和を図ってやろうというのですから。それも軍事力で。そこにかつての被害国である韓国が加わるのですから、もう、めちゃくちゃです。

高橋　そうするとね、アメリカナイズされた「パンツ洗い」している日本からすれば、謝ること自体、常識外じゃないですか。「戦争責任はとったやないか、条約も結んだやないか、北朝鮮をのぞいて全世界と国交も回復したやないか、責任は取ってるやないか」、安倍さんが「いつまでも謝罪をね、後のちまでも続けさせてはいかんね」といって、「この辺で区切りやないか」と言った。それは考え方としてあるかも知れないが、それはやられた側が言うことであって、やった側がどついといて「もうええやないか」「この辺で勘弁したれや」「いつまでグチグチいうとんや」「息子の代までそんなことさせるな」というてるわけでしょ。感情の問題なのか国際条約の問題なんかわからへんわけですよ。

山田　擁護するわけじゃないですけど、やった側が世界支配をしているわけですよ。国際連合の政治機構は、やった側が作ったものでしょう。国際法による戦争犯罪の裁きはヨーロッパが産み出したものですから。明治以降、西洋を研究してきている日本としては高橋さんが言われるように感情的・国際条約的な問題としての両面を持っていると思います。

日本はニュルンベルク裁判も東京裁判も侵略側内のセレモニーとして位置付けていると思います。裁判を反省として深刻に受け止めていたなら、国連の安保理の常任理事国のイスなど欲しがりません。

高橋　「謝れ、謝れ」と言われてね。朝鮮半島の人たちが、「謝罪を形にせよ、誠意を見せろ」と言ってるのはよくわかります。それをこちらから「これだけやってるやないか、賠償してるやないか」と一方的に押し付けるような形では、どんな問題でも解決しない。やる側とやられる側の問題は常にあるわけです。やった側はあくまでも「これでどうなんですか」と、相手の気持ちをよう聞かんといけない。

関屋　韓国の問題でいえば日韓条約で終わったということになっている。当時、韓国では朴正熙《パクチョンヒ》政権、軍事政権で民主化運動を抑えていた。朴政権は手にした賠償金を自らの政権維持のために使い、自国の被害者に対して渡った金は本当に少ないものだった。当時は条約を結ぼうとする朴政権に対して「国辱だ」として締結反対運動が盛り上がっていたが、強制連行の問題や慰安婦問題などについては韓国内ではほとんど知られていなかった。

高橋　お言葉やけどね、歴史だから。例えば安保条約なんかで不平等な地位協定は今も続いている。当時の日本の政権としては「朴正熙とその軍事政権との間でやった」というけど、確かに条約としては不備な面があるんやろね。

関屋　私が言いたいのは法的に決着がついていない、ついていないということではなくて今も未清算の問題、課題がたくさんあるということ。中国なんかも当時は毛沢東の時代。当時の中国の態度は「侵略の責任は軍国主義にある。国民は悪くない」という考え方のもと、日中国交回復にあたって「過去は水に流す」的な対応で賠償を求めなかった。しかし当時の中国は民衆の声を聞いていない時代で、今も、全般的に被害の問題は埋もれているのが現状。今後、民主化が進むにつれてこういった問題は次々と出てくるのではないか。特に慰安婦問題は中国の方がもっとひどいと言われている。そういう動きを中国政府が抑え続けてきている現状がある。強制連行の事例では中国の人たちは中国ではなく日本の裁判所に訴えているという事態だ。東南アジアのフィリピン、インドネシアなどでは被害の問題についても（条約を結んだといっても）非常に不十分、世界の関心事にもなっていない。

私はそういうことを知っときながら日本の平和だけを考えるという今の風潮には、不安を感じる。国家が為したことに国の承継者である自分が知っておきながら何もしないという生き方はできないと思っている。もちろん何もしないという生き方も豊かな国だからそれに目を向けないで自らの幸せのために生きていくという選択肢もある。今の日本はそういう国になっていっているのかな……という思いがしている。

二十一世紀に積み残された日韓関係

高橋　さっきから聞いていると、僕はわかっていっている訳ではないんだけど、山田さんはいつも「日本という国はこんなもんだ、国民はダメなんだ」と、怒っているが、僕は必ずしもそうとは思っていない。教育のせいだとも言わない。流れの中でそういうこともあるなあと思うんで、まずそれを認めたうえでやっていかないと、それでは議論も止まってしまう。「日本という国はこんな国だ」「答責もしないいい加減な国だ」としてしまうと何も進まないのではないか。それらの条約が不平等条約というのならそれを正す方向を国民としてしっかり提起していく。いつまで謝るのかというレベルではなく、例えば日本でも過去に下関条約とか日米和親条約、修好通商条約などの不平等条約を交渉のうえ少しずつ変えていった。今でいえば安保条約の日米地位協定を何とかしようと、これも一方的な不平等条約だからね。そういう運動があってこそ答責というのが一つの手がかりになるわけで、ただ謝れとばかり言っていても仕方ないのではないか。

山田　高橋さんが「日本という国はダメなんだ、国民はダメなんだ」という風に受け取られているなら、私の言葉が足りなかったので説明します。私がダメだと言っているのは、アジアで行った侵略という蛮行に、日本国家も国民も、自ら向き合おうとしていないことを、ダメだと言っているんです。アジアを西洋の侵略から解放させたと言いながら、西洋と同じことをアジアに行ったんです。アジア解放なら、日韓併合条約など結べるわけがありません。娘の小学校は同和教育推進校でしたから、反差別、人権、平和の教育に取り組んでいました。解放同盟の支部がありましたから、学校と協力した活発な活動でした。八月十五日を記念して反戦平和の行事をやるんですが、アメリカに爆弾を落とされたこと、食べるものがなかったこと、そんな内容ばかりを伝えたもので、アジアの視点がすっぽり落ちていました。在日の子供たちもその小学校に通っているんですよね。日本の反戦平和教育は、戦争で負けた被害者の視点なんです。太平洋戦争で日本が勝利していたら、どんなことになったんでしょうか。アジアの国を、日本は侵略したままだったんでしょうか。明治憲法のもとで「神の国」の臣民として、今も実在しない天皇を含め、歴代天皇の名前を学校で暗唱させられているのでしょうか。

日本にとって敗戦は被害ですが、アジアには日本の侵略からの解放であったという、客観的な見方を、日本人は出来ていませんね。日本は、ヨーロッパの一員でもなければ、アメリカの一州でもないわけで、歴然としたアジアの一員なのですから、アジアに対する客観的な歴史認識を持たなければ、アジアに信頼される国にはなれません。アジアにいながらアジアの心を無視し続ける、そんな日本と日本人はダメだ、と私は言っているのです。私、何か間違ったこと言っているでしょうか。これを自虐史観だという人のほうが、自らを人間性において自虐しているのですからそれこそ自虐史観です。

日本人が好きな演歌のメロディーがありますよね。昭和三十年代から台頭してきたものです。それまで日本の歌謡曲のメロディーは、明るいものでした。歌詞の内容も、女の人が男の人に捨てられて泣いたり、女の人が不倫に泣いたり、みじめったらしいものがほとんどです。女性を侮辱した歌が国民に圧倒的に支持され、それが日本の音楽文化になっているのですから、日本人の精神性って独特です。そう言う私も批判できた義理ではないんです。再逮捕の時の取り調べに対し、無実を訴えても全く聞き入れてもらえなかった、一度目の逮捕の経験から黙秘することにしたんです。黙秘するのも簡単なことではなく、物凄い精神力が要請されるんです。人間性を罵倒する言葉のなかに検事の取り調べがありますから。それをひたすら黙って聞かなくてはならないのですから。頭に入って来ないように、私、当時、流行していた都はるみの「北の宿から」を一番から三番まで頭の中で歌いました。

話がそれてすみません。話を戻します。江華島条約にはじまり日韓併合条約で朝鮮半島の侵略が完結しているように、侵略は法と一体だったわけです。それに対する法的解決が、一九六五年の日韓条約です。韓国民衆は、不平等条約だとしたため、当時、反対闘争を展開したんですね。日本政府からすると、「従軍慰安婦問題」は解決済みのことになるわけです。韓国の民衆と違い、日本の民衆は日韓条約に反対する声をあげていません。「従軍慰安婦問題」は、金大中大統領が訪日する時期に、韓国で大々的に取り上げられます。日本政府は一貫して日韓条約で解決済みの姿勢を崩さないものですから、「答責会議」は一九九五年に、日本の学者と共にソウルのプレスセンターで、日韓条約の見直し、新たな条約の締結を求めた記者会見を行いました。この時、日本の特派員で会見の取材に来たのは朝日新聞の記者だけでした。記者自身が、日韓の歴史に関心を持っていたからです。記者は、日韓条約がある限り、日韓に正常な関係は生まれないことを理解していた人で、「日本にも日韓条約を問題にする人たちがいたのか」と、驚いていました。彼がソウルから日本に送った会見記事は、東京本社でボツにされてしまいました。凄いですよね、日本のマスコミは。寿岳章子先生は「朝日は何やねん！」と、大変怒っていました。

一九九五年は戦後五十年、政府が出版助成金を出版社に出したこともあって、多くの歴史本が出版されました。御茶の水書房の社長さんが力を入れて、『無答責と答責　戦後五十年の日韓関係』（寿岳章子・祖父江孝男編）を出版して下さったのですが、日本の新聞社は他の出版物は取り上げてもこの本は無視しましたね。社長さんも話題にして欲しいと各新聞社に本を送っていたので、無反応にショックを受けていました。

高橋　政治の世界でも答責問題を取り上げていくには、条約がどうだったのかをしっかり分析して問題点を明確にしていかなければならない。尖閣列島にしても日本政府は「もう決着している。日本固有の領土で問題なし」と決めつけているが、相手は「問題がある」と言っているわけです。いちゃもんかなんかわからないけどね。歴史的にわからないところもあるからね。だからまず条約がどうだったのか、日韓条約にしても、日中も含めて、またサンフランシスコ講和条約までさかのぼるわけだけどね。条約というのは結んでしまうと固定化して、国と国との関係の基本になるものだ。たとえばもう少し緩やかな形にして、あとの世代で解決しましょうと先延ばしかもしれないが、そういうテクニックも使ってはと思う。あまりに硬直して「この問題は解決済み」「条約に書いてある」というだけでは片付かない。不平等条約ということもあるわけだから……。

関屋　韓国国会で親日派処罰法が制定されるなど、日韓条約見直しの運動も相当高まっていったんです。しかし韓国でも経済成長があり、日本文化流入の影響もあって運動が停滞していった。

山田　私たちのソウルでの記者会見に呼応するかのように、韓国の国会議員が日韓条約見直しの建白書を韓国国会に提出する動きがありましたね。

高橋　日本国内でそういう運動はあったんですか。問題提起があったんですか。

山田　いいえ、ありません。日本で「従軍慰安婦問題」に取り組んで頑張っている人々の動きを見ていても、日韓条約を問題にはしていません。日本政府は日韓条約で決着しているといっているのに、日韓条約を問題にしないで政府に責任を取れと言っても、実現しないのが道理ですよね。

関屋　だから日本ではそういう基盤がないんですよ。

高橋　国と国というレベルになれば、いくらそんな話を感情的、情緒的にしたって発展しない。市民交流ということなら別の問題として大きくなって成熟化していくということがあるだろうが、それもないというなら、ないのと一緒の事ですね。

山田　そうなんです。

関屋　そうはいっても何もしないというわけにはいかないから、今もやり続けているのが現状です。犬の遠吠えという言葉があるが、どのように言われても、おかしいものはおかしいと言い続けてるんです。

高橋　これから朝鮮半島に入るときは「みなさん、ごめんなさい」「ご迷惑をおかけしました」と言って入ったらどうか（笑）。この間の鳩山さんみたいにせんでもええけど（編注）。国民一人一人が謝る気持ちを持ちなさい、と言っても無理なことでね。形では謝ることはできてもね。国家間も形だけですか……。

（編注）二〇一五年訪韓した鳩山由紀夫元首相が植民地支配時代に独立運動家を収監した刑務所跡地でひざまずいて手を合わせたのち記者団に「（植民地統治をした日本が）拷問というひどい仕打ちを与えてしまい、命を奪うことまで平気でやったことに、心からのおわび、追慕の思いをささげたい」と述べた）

山田　そうです。だからせめて教育で、日本の過去を客観的に教えることが必要です。自虐史観だと言ってみても始まらないわけですよ。日本の過去を人類の歴史から消すことは出来ないんですから。天皇制の歴史は喜んで引き受けることができても、その歴史の途中で起きたことは引き受けられないというなら、万世一系の歴史の一部をカットしなくてはならなくなります。もう、そうなるとマンガですよね。

高橋　断ち切りたいんですよ。勘弁してほしいんですよ。

山田　日本全部がすたこらさっさと宇宙へでも逃げ、地球の人類は歴史とお別れしなければ、それは無理というものです。地球に住み続ける限りは、人類の歴史から逃げられないのですから。

高橋　この辺で勘弁してほしいというならそれなりの誠意を見せなければいけない。「孫の世代に背負わせるのはイヤだから勘弁してほしい」というなら、「ついては、こうこうこういう風に思いますが、どうでしょうか？」くらいに言わないと。居丈高に言ってもダメ。

山田　歴史の責任を取るというのを負のイメージで日本は捉えていますが、それが私には理解できません。人間の歴史と向き合い、そこで起きた出来事と向き合い考え学びとって、人間性を豊かにしていくことが、どうして日本ではいけないことになるんでしょうか。きっと、世界から立派な国民として認められたくないんでしょう。不思議な国民性ですよね。

高橋　昔は世界が小さかった。情報もなかったし、相手もわからなかったから世界に出かけてみたいという気持ちはあったと思う。しかし今は一瞬のうちに地球レベルです。地球家族みたいなものですね。すべての面でね。あるのは国だけで、その国が邪魔をしているんじゃないかと思うんです。例えば領土問題なんか、誰のものかと言っても、誰のものでもない。言ってみればみんなのものでしょ。国があって線を引くから欲が出てくる。

山田　私は、国家を取っ払うことは出来ないと思っています。

高橋　秩序はいるんです。国みたいな単位でね。でも国境があるから争いが起きるわけ。

山田　でもですね、人類の歴史を見てわかるように、国境が無くても、領土の奪い合いをしていたんですよ。だから、国家の枠組み無き、国境社会の実現など無理です。みんな地球市民にはなれませんよ。

高橋　ならなあかん。憲法の前文はそれを言っていると思う。隣近所を信頼しなさい、その信頼に基づいて武力を行使することはしない、というのが前文でしょ。

山田　しかし、日本は信頼されるアジアのお隣さんであるかということですよ。

高橋　信頼される人間になるためにはまずこちらから信頼しなさいってこと。相手に信頼しなさいと言っても相手はしない。

山田　だから信頼される人間にならなあかんということでしょ。でもなってないんですから。

高橋　しかしそれを目指さないと。それしかない、と。

山田　その通りだと思いますよ。ただ、現実に国家があり、そこに政治が営まれています。国家の政治は人間が司っているんですから、政治と人間は一体なんですよね。

高橋　政治はね、何も特別にあるわけじゃなくて、我々の手続き、手段というだけなんです。なにも政治が人間を動かしているのではなく、人間のために政治があるのです。当たり前のことですが。政治は社会がスムーズに運べるようにルールを作るだけです。その目的は、人間の幸福であり、人間としての尊厳を保てるような仕組みづくりだと思います。

山田　論理としてはよくわかりますよ。ただね、人間が作る国家ですからね、人間をおいてしか成立しないわけですから、人間としてどう政治に関わるかということですよね。

高橋　僕は政治に関わるということ、そのことがおかしいと思う。関わるのではなく、自身が日常的に使うもの。政治は我々が主役でなければおかしい。

山田　けど使えてないじゃないですか。

高橋　そうそう、そこが問題。いわばこっちの力不足ということですね。

山田　けれど、安倍さんを勝たせているのは、私たち有権者の清き一票なんですから。

安倍政権と憲法、民主主義、国際関係

高橋　そう、そこは矛盾ですね。私は一票入れてないけど……あんな人に決めてもろたらかなわん、民主主義の大欠陥や。僕は何もあの人を推してない、税金を使ってもらったら困るといったって、それはアカンわけや。決まった以上は。だから民主主義は完璧じゃないわけですよ。

関屋　現状では国があり、国には国民がある。その中で私は日本国民であるのはイヤだといってもそれは無理なことじゃないですか。第一、日本の外に出ていくには国が出すパスポートがないと出ていけない……

高橋　実態として無理というなら憲法を守ることもできない。憲法の前文をキチンと読まないと。理想として「信頼」を掲げている。これを自分の思想にしない限り、国というものが出てくる。そこで国と国の争いが起きると思う。争いが起きるから、それに備えて武力を蓄える。結局、力に頼ることになる。

関屋　僕は少しビックリしたんですが、国際連合などの考え方は個人単位で入れないんですね。入れるのは国と地域なんですね。現状の国際平和という考え方は国の為政者、代表が集まって協議して戦争のない状態を作ろうというものなんですね。言わばまだそういう状況のところまでしか来てないわけです。

しかし国からあふれる人たちは世界にいっぱいいるじゃないですか。そうした人たちの問題は国連の中では真剣に議論されないということになる。日本でいえば（朝鮮植民地化政策のために起きた）無国籍者の問題がまだあるが、どこにもその問題は上がってこない。しかし現状では国の中で訴えていくということでしかない。

高橋　なにを目指して生きているのか、基本的にそこになっていくのじゃないか。そのために国は必要なのか、必要でないのか。あるいは必要ならばどういう形がいいのかを言わないと。なんとはなしに今の状態はアカンねん、変えなアカンねんと言ったって何をどう変えるのかを明確にしないままいろいろ言っても説得力がない。

関屋　防衛問題なんかを対置して考えてみたらよくわかると思うが、今、北朝鮮の脅威が言われている。例えば（まだ救出されていない）拉致被害者がいる。救出するために日本の自衛隊を使ってもいい。テレビ中継なんかもされたら国民の意識はそっちに向かう。実態としてやはり国民の意識には国が縛られている面があるのではないか。将来的には国がなくなる時代が来るのかもしれないが、現状では国の中で果たすべき役割があるのではないかと思う。これは右翼（の考え方）なんでしょうか。

高橋　国があってもいいんです。地域の秩序を保つ、そういうことは大切だし。ただ利害関係でぶつかって争いごとにならないような知恵を今考えるべきじゃないか。国が人間としての生き方を阻害しているんだったら別だけど、今は守られていると思う。これが国家主導となると、公共の秩序と個人の自由とのぶつかり合いが起きてくる。どの国でも国を転覆させたり反逆する行為は重罪ですよね。戦争で人を殺しても重罪にならないけど、国家を転覆する行為はどの国でも重罪、日本でも刑法により死刑または無期禁錮ですね。

日本で大事なことは国を守ることと経済を守ること、この二つと思う。そのために何が必要かというと、軍事力で裏支えをしっかりしておくこと。威嚇にもなるし抑制にもなるし、また実戦になった時も備えられる。これが日本の基本的な防衛の在り方ですね。侵略までは今のところ考えていないと思いますが、ただ知らず知らずのうちに侵略の道に行くということは歴史的に見てもあり得ることです。

関屋　どの戦争も、あなたの国を獲りに行きますよというものはほとんどない。その国で戦争を維持していくには、前の戦争と一緒だが、「命を張ってでも絶対勝たなければならない」と国民を洗脳しないと勝てるものじゃない。

高橋　戦前と現在の国民とが戦争に対する考え方がどう違うのか比較のしようがないのだが、生き証人の人たちの話を聞くと「もうコリゴリだ」「二度とあんなことはかなわん」というのはみんな言っている。一方で経験していない者は聞いて「戦争はアカン」と頭では知っているけど身体にはしみていない。

山田さんが被告になって数々の厳しい環境に置かれたという経験をされたが、我々は聞いてわかるだけで、経験していないとわからない部分がたくさんあるわけです。それと同じで、伝承するとか、伝えないといけないという思いはあっても、それだけでは十分でないと思うのです。

山田　それはそうです。部落差別の問題にしても、差別を受けた人にしかその苦しみはわかりません。でも、それを理解しようとする側の気持ちが、両者の溝を埋めるのではないでしょうか。完全に埋めることなどできませんが。

高橋　そこが大事。それがどんどん狭まっていって相手との境がなくなる。それが大事だと思います。

アジアの中のニッポン

山田　アジアとの関係においては、どうかということですよね。アジアに友人と呼べる国がひとつもないということは、日本は、アジアとの溝を埋める努力をしてこなかったということです。民衆レベルも、侵略の問題においては同じではないですか。

高橋　全く、皆無ではなくて、いろんな市民レベルではやっておられる。形だけかもしれないが、交流している方々はたくさんおられる。一概にそうはいえないと思うのだが。

山田　そうです。おられます。でもその仕方ですよね。そこにはどうしても、日本人の情緒が混じり込むんですよね。韓国の大学で日韓の学術シンポがあった時のことです。その大学の学長は女性でした。学長さんは、日本の私たちのためにレセプションを設けてくださり、学生さんたちと一緒に、たくさんの美味しい韓国料理を頂きました。日本の統治時代、日本語教育を受けていますから、日本語は話せます。しかし、絶対に口にしませんでした。ですから、私たちとの会話は、通訳を通じてのみでした。

寿岳章子先生とその学長が同じ歳であることがわかり、親しみを込めて「同じ時代に生きたんですね」と、言ったんですね。何の返事もされませんでした。同じ時代に生きても、加害の側に流れる時間と、被害の側に流れる時間の質は、全く違ったわけです。そこに、やはり、日本の良心的知識人の思想的限界を感じます。寿岳先生がそのあと思弁を展開され、反省されたのは言うまでもありませんが。

関屋　寿岳先生は戦前に女性が学問を続けるということがいかに大変かというのを身に染みて感じておられた人。同じ時代に学問をしてこられた学長にとても親しみを感じられたと思う。「私と一緒ね」みたいなこともおっしゃっていた。

山田　高田さんも初めて行った韓国の風景に、思わず「懐かしい」と言ったもんですから、歴史学者の中塚明先生に「その感覚は侵略思想そのものだ」と、言われてしまいましたよね。韓国の人が日本に来て、懐かしいなんて言いませんよ。

高田　思わず親しみを感じて言ったら、「何を言う！　その発言がいかにも侵略する側の言葉だ！」と言われてね。

高橋　たしかに、何しに来たのかっていうことになりますね。

高田　寿岳先生が親しみを感じたことと感情的な気持ちがどういうことかということを、相手の拒否によって初めて問題意識になったということ。どっちに立っているか頭の中ではわかっているつもりでも、どっちの側に立っているのかわからない。このことにもっとハッとさせられた。そこから問題が違うところでようやく動き出すという……。

自分の発した言葉がまた自分に返ってきて、そこが起点になってまた考えが動き出す。そういう経験はやってみないとわからない。伝えるというのはなかなか難しいことで（高橋　気づかないところですからね）。今もよく、「語り継がないと……」と簡単に言われるが、「それが一番難しいことなんだよね」ということを前提に、じゃ、どうするのかっていうことを、伝え続けようという気持ちと聞こうという耳が一致しなければ自分のものになっていかないから。そういうことでどうしたもんか、という気持ちがありますから、そこは言葉の力を獲得してやらなければならないと思っています。今の話を聞いていて国家とか国の問題をどうするのか、どう捉えるのか、どう表現したらいいのか……。

山田　戦前、部落解放運動は大東亜共栄圏の建設なくして部落の解放なしと、アジア侵略に解放の道を求めました。問題は、戦後です。解放同盟が国際人権を言うからには、戦前、自分たちがアジアに侵した過ちに向き合い、反省を取り入れた真の人間解放運動を展開しなければなりませんでした。そうじゃないと、人権問題でアジアと連帯できません。確かな時期は忘れましたが、一九九〇年代に、在日のある歴史研究家に戦前の過ちを指摘されたんですが、部落解放同盟はそれに答えませんでした。部落解放同盟は、村議会から国会まで議員を多数出している力のある日本の大きな市民運動体ですから、アジアの問いかけに真摯に向き合う運動展開をしていたならば、他の市民運動にも影響を与え、安倍政権の誕生などなかったのではないかと思われます。一般国民は偏見の塊で「部落」の人たちを見ていますが、部落差別という不条理を受けてきたが故に、その分、心の根に文句なしの温かいものを持っている人々の集団なんです。だから、残念の一言に尽きます。

ピープルという言葉は、日本では人々、人民、大衆、民衆などと訳されていますが、イギリスでは歴史的に労働者階級を指した言葉だそうです。イギリスは歴史的に貴族が支配してきた国ですから、支配階級の貴族の側が労働者階級をピープルと呼んだそうです。第二次世界大戦が終わった年の総選挙で、チャーチルが惨敗し、労働党政権が誕生します。一九五〇年代のイギリスは、国民の七五％を労働者階級が占め、九〇年代になっても五〇％以上だそうです。その労働者階級の支持を受け、クレメント・アトリーという人が率いる労働党がチャーチル政権を負かします。この史実が、イギリスＢＢＣの秀逸な刑事ドラマ『刑事フォイル』に盛り込まれていました。誕生した労働党政権は、それまでの貴族政策の改革に乗り出し、労働者の子供も大学に行けるように授業料を無料にしたりします。改革は、労働者の若者が様々な分野で活躍できる社会を作っていきます。だからビートルズやデビッド・ボウイも誕生したのかしら？　と思いますね。ＥＵを離脱したイギリスでは、政治家たちが「富の分配」を口にするようになり始めたそうです。それが格差社会の変革にどうつながるのかは全くわかりませんが、イギリスのピープルは国際社会のＥＵ離脱バッシングに動じることもなく、政局を注視しているそうです。

一億総活躍などと、若者だけでは足りず、高齢者までも安くこき使って一部の富裕層のために富の収奪を図る政策を打ち出しているのが、安倍政権です。戦後七十年の日本の政策は、本当に残酷です。安倍さんの人間に対する思いやりのなさ、温かさのなさから生み出されたのが「戦争法」と言えますね。アメリカの海外での軍事行動が、罪のない一般人をどれだけ犠牲にしているのかを知りながら、安倍さんはアメリカと同じことを自衛隊にさせようとするのですから、性格が加虐的と言わざるを得ません。どんな育ち方をした人なんでしょうね。まあ、おじいちゃんの顔や、お父さんの顔は見ていますが。

アジアで行った暴挙の罪を、戦後恥じることもなく歩んできた日本は、ここに来て憲法をぶっ壊そうというのですから、安倍政権にあのワイマール憲法を否定したヒトラー政権がオーバーラップしてしまいます。

侵略責任を問うということ

高田　答責会議主催の第一回シンポジウムで差別と侵略の問題をゴッチャにした日本側の学者の認識があったということが問題になった。それがスタートだったからね。

高橋　被害者、加害者という単純な分け方をしたらいけないとは思うが、被害者意識、加害者意識というところで一つ線を引いてみると、差別であり、迫害であり、侵略であり、された側とした側というのは完全に分けることはできないと思うんです。差別された者が差別することもあるし、また加害者が被害者になることがありますからね。一つの現象を捉えれば被害者、加害者があるように思うが、そこのところの線引きは非常に難しい。

山田　アジア侵略を日本人は客観的に捉えることが出来ていないから、そういう考えを持ってしまうんです。日本と日本人は、アジア侵略においては加害国、かつ加害国国民以外の何ものでもないわけですね。この自覚がないのです。正しい歴史認識を持つことは、日本の未来を人間の国家として明るくするのですが、日本はそれは嫌だと言っているわけで、これこそ自虐史観だと思いますよ。

高橋　そう、第三者の意識。被害者、加害者のどちらでもない……。

山田　被害と加害の絶対的な関係に、第三者が入るのは加害を免責することになります。この問題で中立なんてあり得ないんですから。中立ということはどっちにもつかないということですから、結局、何もしないということになるわけですよ。そんなところから、侵略の責任思想は生まれません。

高橋　傍観者、別の言い方では評論家、日和見ですね（笑）。被害者、加害者、傍観者に分けても、いったい自分はどこにいるのか。それは被害者になることもあるし、加害者になることもあり得る。例えば日本が侵略することによってある種の経済的確保ができると、経済的危機から救われると、それによって生活が満たされる、ということになれば、そのこと自体が加害者ということになる。侵略に対して、取りに行ったことに対してね。自分は行っていないけど、国が行けば誰かが潤う。誰が利益を得るのかによって被害者、加害者が出るのかもしれない。

山田　日清、日露戦争もアジア侵略の一環だったわけですから、太平洋戦争だけでなく、この戦争のことも問題にしないといけないわけです。日本では、日本が勝って豊かになった戦争は問題にしません。私の子供が入学した小学校が同和教育推進校でしたから、他の小学校と違って、人権・平和教育の取り組みをＰＴＡと連携して行っていました。共産党関係者だけは、反対していましたけど。「宮本一派、朝田一派」と言って、解放同盟と共産党がまだ喧嘩していた時代でしたから。その平和教育を見て感じたのは、太平洋戦争の敗戦被害の視点で、反戦平和を説いているんです。毎年八月には語り部が来られ、爆弾の恐怖、飢え、親元を離れ疎開先での寂しさ、そんな話ばかりでした。なんでそんなことに日本はなってしまったのかということの原因は、全く語ってもらえませんでしたね。展示も、防空頭巾だとか、水筒だとか、モンペだとか、そんな物ばかりでした。

原因を無視した平和教育で育った子供たちの平和思想は、とても貧しい薄っぺらなものにしかなりません。そのため日本の首相の語る平和や人権は、とても空疎なものです。安倍さんは空疎さにおいては、ナンバーワンの首相です。

かれこれ十年前になりますかね、憲法学者の横田耕一先生から聞いた話です。九州大学を定年退官され、東京にある私学で教鞭をとられていたんですが、「今どきの学生は、歴史を勉強していないから、憲法を教えられない」と嘆かれていました。「戦後」が何を指すのかわかっていない学生が驚くほどいて、中には、湾岸戦争の後を戦後だと思っている学生もいたりするので、大学生に高校の歴史を教えないと、憲法も教えられないひどいことになっている、と言っておられました。「大学の先生がそんな幼稚園教育をして、お疲れになりませんか」と言うと、「悦ちゃん、大学で教えるのが時々空しくなる」と嘆かれていました。

私が、同志社大学のゲストスピーカーとして呼ばれ、小ホールのような大きな教室で講演をした時のことですが、冤罪の人権問題と、アジアの人々の人権を無視した日本の侵略を関係づけて話した途端、学生たちの一部からブーイングが起こりました。その学生の姿に、日本の教育の荒涼さを見ましたね。本当にすごい教育をしてきたんですね、日本は。だから、私、右翼が日教組に反対するのが理解できないのですよ。日本の教師たちは、日本が要求する通りの、アジア侵略について考えない子供たちを育てているのですから。

人々がハンマーでベルリンの壁を叩き割るのを現場から伝えてくれた、読売テレビのドイツ特派員だった本田邦章さんが帰国して、「山田さんはドイツを評価するけど、ドイツの普通の人は日本と一緒で、居酒屋では昔の軍歌を懐かしそうに酒が入ったら歌っている。でも、小学校の先生からはじまって大学の先生に至るまで、ドイツの知識層はナチスドイツの歴史ときちんと向かい合っている。そこが、日本と全然違うところだ」と。ドイツのお土産話をしてくれました。そこですよね、そこが大事なのですよ。大事なそこが、日本にはないのですから。そりゃあ、もう、日本からはワイツゼッカー大統領のような政治家が生まれるはずがありません。大統領の「荒れ野の四十年」演説は、日本でも話題になり、市民運動もワイツゼッカー、ワイツゼッカーと、大騒ぎしましたが。騒ぐだけ騒いで、騒ぎの後には何も残しませんでした。あれほど日本列島を騒がせた学生運動だってそうですよね。

ドイツの学生運動は、親たちにナチスドイツの罪に反省を促したのですから。学生たちのドイツの過去に向き合う闘いは、やがてドイツ国家に、ナチス時代の罪に時効が認められない法の成立を生み出します。

日本は、侵略の責任に向き合う法などひとつもありませんから、いつだって過去に戻れます。日本がファシズム体制になるのも時間の問題です。

高橋　だから侵略したという認識がないんですよ。頭の中だけでね。今度の談話でも侵略という言葉が踊っているが、まったく中身のない、言葉だけの侵略……。しかもタチが悪いのは自分の言葉ではなくて、過去のエライ人が言うてきたというだけであんなもの空疎そのもの。一国の首相がそうだから、あとは推して知るべしということです。

新安保法下での日米、そして国際関係

高田　安倍さんは集団的自衛権を使い、アメリカと一緒になって世界の警察でやっていくつもりのようだが、その先はどう考えているのだろう。

山田　全然ないのよ。

高田　ついて行くだけ？

山田　着地点がどこかとわかっていたら、こんなことしないでしょ。そこが古事記の世界なのよ。

高橋　ポチがね、飼い主の命令以上のことをしないじゃない（笑）。ポチはあくまでついて行くしかない。ポチはヒモをちょっと引っ張ることはあってもね。鬼退治して分捕ったものを桃太郎が持って帰っても、ポチにはあまりお裾分けがない。

山田　着地点が何か理解していたら、こんなことしないでしょ。海外で日本が人殺しをしてもいいという法律を作成していたんですから。アメリカがなんだかんだ理屈をつけて、他国に政治介入し爆弾を落とし、一般民衆を殺戮しているように、日本もこれで同じことができるようになった

んですから。そこにどんな着地点があると言うんですか。生まれて来るのは人々の深い憎しみですよ。フセイン政権を倒しイラクを崩壊させたアメリカに対するイスラムの深い憎悪は、「イスラム国」を誕生させてしまったのですから。アメリカのイラク戦争は、国際社会に混迷をもたらしただけですから。西洋がコロンブス以降、地球的規模で人々を混迷の淵に追い込んでいたように、戦後のアメリカがこれを行っているわけで、今まで日本は銃後でサポートしていたのをやめて、アメリカと一緒に最前列で行うことになったんですから。そのために、戦争法の安保法でしょ。アメリカ帝国が衰退しているように、戦争国家に未来があるはずがありません。あるのは、国家構成員である人間の退廃だけです。安倍さんは、これを希求しているんですから、理解不能な精神の持ち主ですよね。

アメリカがフセイン政権を倒した後のイラクが、どうなったかということです。朝日新聞の二〇一六年九月十三日の記事は、そのことを大きく取り上げています。手許にあるので、活字を拾ってみることにしますね。

「イラク戦争から十三年～フセイン時代懐古の声テロ・汚職『今はルールない』」

との見出しが並んでいます。記事で紹介される市民の声は、痛々しいばかりです。私たちの記憶にもまだ残っていますが、テレビで見たフセインの銅像を市民がハンマーで叩き割った人が、「なぜあんなことをしたか。後悔してもしきれない。フセイン政権の恐怖が終わると喜んだが、サダムはいなくなったが、でも今代わりに一千人のサダムがいる」、また別の市民は「いつどこで爆発が起きるかもしれない。歩いていたら誘拐されたり、逮捕されたりするかもしれない。サダム時代は独裁だったが、夜でも家族と自由に出かけた。ただ平穏に、安全に暮らしたい」、また別の市民は「サダム時代にはルールさえ守れば安全だった。でも今はルールすらない」と言っています。

小泉政権下のイラク派兵は、アメリカと一緒にイラク国家を破壊したのですから、日本もイラクに対する罪から逃れることはできません。でも日本国民には、そんな意識ないですよね。日本に成立した「戦争法」は、世界中の国をイラクと同じような状態にする可能性があるわけです。アジアを考えてこなかった日本は、戦後七十年経って本当に恐ろしい国家になったと思います。

高田　主人（アメリカ）を差し置いて、（日本が）世界制覇を考えようということではないのかな？

高橋　そこまでは考えていないと思う。アメリカについて行って安全な道を行くことができればいいと。場合によっては恰好だけでもお付き合いしてドンパチやって相手をやっつけに行ってもいい、その程度じゃないですか。

山田　原爆を落としたアメリカに対する憎い気持ちは、国家権力を保持する一部の権力者にはあるのではないでしょうか。

高橋　それ、どうしてアメリカに対して答責問題が起こらないの？

山田　アメリカに対する原爆責任を追及すると、戦後の国際政治体制が崩れますから、そんな勇気、日本にはありません。アメリカへの責任追及は、日本のアジア侵略の責任問題に発展しますから、日本は絶対そんなことしません。本音のところでは、核を持ち大国と肩を並べたいと考えているんですから。日本の歴史観は、絶えず大国を意識するなかで養われてきたんですから。アジア侵略も、西洋を真似て行ったと言えるのではないでしょうか。

高橋　そこはゴッチャになっている。「これはこれ、あれはあれ」という話になっていない。

原爆投下のアメリカと被爆国ニッポン

高橋　「原爆は終戦の手段として有効であった。これで多くの米兵が救われた」と。この理屈はアメリカ国内では通りやすい。だからアメリカでは七十年経った今もそう思っている人が多数派です。日本人もまたそう思っている人がいる、「仕方なかった」と。

山田　アジアは、「これで日本の侵略が終わった」と考えています。

高橋　いや、国内でも仕方なかったと思っている人がいるというのは驚いた。がっかりやね。

山田　そんな国会議員に限らず、一般国民もそう思っているのではないですか。アメリカに憎悪を抱く国民性なら、怒濤のような勢いでアメリカ文化を取り入れたり、女性が占領軍兵士に身を売るような現象は、起きたりしなかったと思います。

関屋　授業で広島、長崎に原爆が投下されたという説明はあったが、今も原爆被害で苦しんでいる説明は受けなかった。

山田　写真家の福島菊次郎さんが、『ヒロシマの嘘』を上梓しておられます。被爆した人たちが、そうでない人たちからひどい扱いを受けたことが書かれています。高橋さんが読まれた『はだしのゲン』にも、そうしたことが書かれていましたよね。福島さんの本では、被爆した漁師に対する役所の人の対応が、冷たかったことも書かれていました。まだその頃は、漁師町も貧しいわけですよ。だから、お見舞いに持っていく品は、漁で獲れた魚しかないわけですから、被爆して働けなくなった仲間に、せめて栄養をつけてもらおうとお魚を持っていくわけですね。様子を見に来た市の職員が、家にあるお魚を見て、生活保護を受けながら魚を食べていると、カルテに批判をメモっています。被爆で生き地獄を味わっている人に、そんなことよく思えますよね。日本人は、冷たいのひと言です。ですから、毎年行われる広島市の原爆の式典を見て、複雑な気持ちになります。

関屋　在日の被爆問題がクローズアップされるのは何十年も経ってからのことでしょう。国籍が違うということで随分長い間、放っておかれた在日の被爆者の中には終戦後、みすぼらしい漁船に乗って（命がけで）韓国に帰ったものの、満足な治療が受けられず何十年も放っておかれた。日本の被爆者よりもっとひどい扱いを受けている。日本政府の態度は「日本人じゃないから知らん」。日本ある日突然、一片の通達で「あなたは日本人じゃありません」としておいて、責任はありませんと知らんぷりを決め込む。ひどい国だなあと（情けない）。

高田　指紋押捺の問題でもそうだった。

関屋　そういうことを平気でやれる。そういう行政を僕らは持っている。（日本は）ヨーロッパと基盤が違うんだと感じさせられる。

山田　それが日本人の心なんだと思いますね。私は冤罪という体験を通じ、日本の司法の冷たさというものを知りましたね。人間の温かさなくして、人権思想など生み出すことはできません。人間ですから日本人も温かい心を持っています。でも、その温かさのレベルが低すぎるんです。だから、人権意識の低さにもなっているんです。人間の存在を丸ごと抱きしめることのできる温かさがないと、人権思想は育ちませんよ。

日弁連が二〇一六年の人権大会で死刑廃止の決議を行いました。日本人の人権集団が、重い腰を戦後七十年にしてやっとあげました。戦前、日本と同じファシズム国家だったドイツは、戦後新たな憲法を持った時に、基本法（憲法）の一〇二条で「死刑は、廃止されたものとする」として、死刑を廃止しています。一九四九年制定ですから、ドイツ敗戦から四年後ですね。ドイツは、十九世紀の中葉にいくつかの州が死刑廃止をした歴史がありますから、第三帝国の反省から国家として死刑廃止に踏み切れたのだと思います。日本は、かつてはドイツ法に学びながら、戦後は英米法だと言いながら、そこにある法の精神を無視する法の精神の持ち主なんですよ。人権尊重の日本国憲法と国民に言いながら、次々と死刑を執行する矛盾に満ちた国家です。

再審で死刑台から生還した免田事件の免田栄さんは、せめて獄中に入っていた時間よりは長生きしたいと言われていました。免田さんは、一九四九年から一九八三年まで獄中でしたから、獄中三十四年間です。今年二〇一六年ですから、まだ獄中年数に一年足りません。無罪になっても、冤罪者には生きるという闘争が娑婆で待っています。冤罪は、日本残酷物語のひとつです。

高田　宗教の問題にも関わってくる。

山田　あると思います。現在のように政治が悪化し社会から牧歌性もなくなり、人々の精神が荒廃する状況に対し、救いの手を差し伸べるのが、宗教の存在だと思います。本来であるならば、日弁連よりも以前に日本の宗教界が一致団結して、死刑廃止の運動に取り組んでこなければならなかったと思います。

ロシアには、あのプーチン大統領もロシアの精神的支柱であるソルジェニーツィンの存在を、無視することはできません。ソルジェニーツィンに匹敵するような思想家は、残念ながら日本にはいません。日本が道を踏み外さないために、深い考えを社会に向かって発言できる人材が日本にはありません。そんな人材が育たない日本は、本当に人間の国家として不幸だと思います。

「アメリカ的文明は、常に消費と生産を拡大する。未来を左右するのは精神であり経済ではない」とソルジェニーツィンは言っています。日本の精神は、経済ですものね。あの石原慎太郎さんが、二〇一一年三月十一日に起きた三陸沖M９の大地震の被害に、「アメリカのアイデンティティーは、自由。フランスは自由・平等・博愛。日本にはそんなものはない。物欲、金銭欲、我欲に縛られて政治もポピュリズムでやっている。それを津波で一気に押し流す必要がある。積年たまった日本人の心の垢を」と、ずばり日本を言い当てたコメントをしています。石原さんも折角良いことを言ったのに、後は野となれ山となれの言いっ放しですもんね。石原さんだけでなく、日本の政治家は押しなべて本当に無責任です。

宗教心少ない日本人の無思想

高橋　思想とか理想とか、そういう感覚を具体化しようとしたら信仰というか宗教がないとできないことですよ。だから閉じこもってしまって何かマインドコントロールされてしまうってことがあるが、一つの規範として自分が持っている信仰はとても大切だと思う。どの宗教でも大切にすべきだと思うが、日本ではあまり信仰心がない。実際にはあるんだが、宗教というのはなんとなく胡散臭いし、ひどい目にあったこともあるし……。で、宗教に対して距離を置く。特にインテリとかマスコミの世界でも関わらないというのが基本のように思うんです。経験から言うとね。

山田　日本に仏教が入って来てから千五百年ほど経つのですが、国際社会に見るようなキリスト教やイスラム教のような根付き方はしていませんよね。お葬式にはお世話になっていますが。

私の祖母は浄土真宗東本願寺派の敬虔な仏教徒で、朝夕のお経も三六五日欠かさずあげ、親族たちの月命日には精進料理以外、絶対口にせず、金箔の大きな仏壇の手入れも熱心にやっておりましたが、祖母が生きる仏教の思想世界が何なのか、私にはさっぱりわかりませんでした。

イエスを神にしたキリスト教のように、日本も明治憲法下で天皇を神にした「国家神道」という宗教を作り、西洋が侵略先の宗教を破壊し、キリスト教を押し付けたように、日本も侵略先で「国家神道」を礼拝させせました。キリスト教は侵略先で根付きましたが、日本のは教義も何もないですから、根付きようもありませんでした。

高橋　政教分離という基本的な原則が作られたからね。戦前の神道の影響でそうなった、と。けれど僕は実質的に政教分離はあまり良くないと思っている。ただ一つの教えしかない、排他的な宗教で、これが政権を持つというのは危険ですよね。これ以外の宗教を認めないということになってくるから。そういうことがなければ宗教のいい部分が政治に生かされるというのは非常に大事だと思う。政治家が信仰心を持っているとかによって、公明党なんかは創価学会員が多くて期待しているのだけど、もう一つ発揮しない部分があってガッカリしている。信仰とか宗教をもっと真面目に生かしていくということも日本人というか、日本人はおかしいか（笑）、必要なことじゃないか、と。自分としてもそれが理想だと思っている。だって、思想や理想や哲学といったって、現実にはそんなことばかり言ってられないからね。日常の中で生かせるというのは、そのあたりかな……。

山田　ユダヤ教の十戒は、政教一体の世界初の憲法ですよね。ユダヤ教からキリスト教が生まれ、ローマ帝国時代に国教として社会に浸透していきますよね。キリスト教の聖典に書いてあることばは、神のことばとして人々に浸透していきますよね。人間によって書かれているのですから、人間のことばです。でも、神のことばだと規定されたそのことばは、二千年以上の年月を生き延び、世界人口の三分の一をキリスト教信者にしてしまいます。そこには、人間の在り様が書かれているわけですから、そりゃ人々は聖書のことばについて考えさせられ、考えもしますよね。人間が思弁したことばですから、ギリシャ哲学もそこに混入されているわけです。西洋は歴史基盤に、ギリシャ・ローマ・キリスト教を三位一体として置いています。キリスト教は西洋の精神文化として、長い歴史のうちに社会に定着しています。そこから、芸術や文学が生まれているわけですから、だから、憲法と切り離しても全然問題にならなくなったわけです。

日本では、西洋神に肩を並べる神などいませんから、天皇を憲法で神にして、西洋のように唯一絶対神の宗教を作り出したんですね。その神がアジア侵略と結びついていたものですから、侵略が破綻してしまったので憲法と切り離さなくてはならなくなったのでしょう。日本の唯一絶対神の思想世界には教義などありませんから、その役割を果たしたのが教育勅語なんでしょう。

キリスト教の贖罪、懺悔《ざんげ》、告解といった教えが、ドイツの侵略の責任を取ることを大いにサポートしたと思います。仏教にも懺悔はありますが、日本の仏教徒は懺悔をアジアに対する責任と結びつけ、仏の教えとする考えを持ちません。日本人にとって、宗教って何なんでしょうね。日本人の宗教観から生まれる平和観って、何なんでしょうね。法思想にしたって、宗教思想にしたって、また政治思想にしたって、日本の思想はお寒いばかりです。みなさん、そう思いませんか。

高橋　明治政府以降ね、神道以外の宗教を認めないという大きな流れがあったからね。大本教がやられ、他の宗教もやられたからね。

高田　脈々と一般の人たちにもそういう……。

（高橋　そう、アレルギー、宗教差別）

山田　そうですが、その信者たちもアジア侵略に手を染めた事実は否定できません。戦後、その事実を自分たちの宗教に問わずにきています。キリスト教は、ローマ帝国の弾圧を受けるのも、パックス・ロマーナの支配体制を支えるイデオロギーになっていきますものね。だから、西洋の世界植民地活動は、キリスト教とともにあったんですよ。

高橋　明治政府は基盤が弱かったから命知らずの信仰集団を警戒した。死を恐れないという過激なものもあるから内務省が秘密訓令でとくに新興宗教を弾圧した。一方で新聞を使って邪教だ、キツネ憑きだなんだといって教祖を貶め潰しにかかった。天理教や金光教、大本教などがやられてしまいました。新聞が政府のお先棒担ぎをしたわけです。戦前の人たちはそういうことが骨身にしみているからそういうことに関わらない、と。そういうことで来たので本当の意味での宗教は消えたんじゃないかという気がするんです。弾圧された宗教団体は、後に復活するんですが、一般にはそういう苦い経験があってなかなか宗教になじめない。そんなことから世界でも非常に珍しい無宗教というか、無信仰の国なんですね。「私は無宗教です」と胸張って言うのは日本人だけとか。宗教に囚われて、振り回されるとなると問題だけど、国家権力が宗教を利用しない、信仰の自由を保障するという憲法がある限り大丈夫なはずです。そのあたりをもう少し考えないと、いつまでも「日本人はダメだ」「期待できない」と嘆いているしかないと思うのです。

Ⅲ　それぞれの戦後七十年、憲法七十年

元日本兵士に聞く

高橋宣光（七五歳）

私は太平洋戦争が始まった昭和十六年十二月八日未明に生まれました。大本営発表の「本八日未明、帝国陸海軍は……」のまさにその時でした。小雪がちらつく中、父が自転車で産婆さんを呼びに行ったそうで、自転車の前カバーが雪か霜で真っ白だったと言っていました。前日の日曜日は、村の「山行き」の日（村人が一年に一日だけ村有林でたき木を採れる行事）で、母は大きなお腹を抱えて山に入り柴木の束を背負って山の斜面を何回も上り下りしたそうです。明治の人ですね。

父は田舎教師で家は半農半業（たばこ屋）四人兄弟姉妹の二男で、名前の「宣光」の二文字は開戦の詔書の文頭と文末から採ったそうです。

天佑ヲ保有シ萬世一系ノ皇祚ヲ踐メル大日本帝國天皇ハ昭ニ忠誠勇武ナル汝有衆ニ示ス　朕茲ニ米國及英國ニ対シテ戦ヲ宣ス……皇祖皇宗ノ神靈上ニ在リ朕ハ汝有衆ノ忠誠勇武ニ信倚シ祖宗ノ遺業ヲ恢弘シ速ニ禍根ヲ芟除シテ東亜永遠ノ平和ヲ確立シ以テ帝國ノ光榮ヲ保全セムコトヲ期ス

私の父が生まれたのは、日露戦争の始まった一九〇四年（明治三七年）です。親子二代にわたって開戦の年の生まれです。明治以降、西南戦争、日清戦争、日露戦争、日中戦争、そして太平洋戦争と一世代ごとに戦争がありました。それが、太平洋戦争後二世代以上にわたって戦争がありませんでした。親兄弟、孫、子とも戦争にとられることがありませんでした。近代史ではまさに奇跡のように思います。まさしくこれは平和憲法のお陰と思います。

いつの戦争も「平和のため、正義のため止むを得ず干戈を……」として始められますが、戦争は次の戦争を呼ぶだけです。終わりがありません。ただ、逆説的な言い方をすれば太平洋戦争こそ、大きな大きな犠牲と引き替えに「平和」を実現した数少ない戦争です。その平和が再び危うくなっています。

真珠湾攻撃（1941 年 12 月 8 日）

結党以来の党是として改憲を目論む自民党・安倍内閣は、いきなり憲法に手を付けることはせず、これまでの政権が長い間否定してきた集団的自衛権をいとも簡単に閣議で認め、続いて安保法制を強行成立させて、戦争の出来る国に変えてしまいました。事実上の改憲です。

また、これに先立って、国の機密を守るとして「特定秘密保護法」を成立させて言論統制に乗り出しました。本丸を攻める前に、外堀を次々と埋めてきました。

自民党の麻生副総裁がつぶやいた「ドイツのワイマール憲法はいつの間にか変わっていた。誰も気がつかない間に変わった。あの手口を学んだらどうか」と、かつてナチス政権がやったように国民が気が付

演説するナチスのヒトラー総統

かないうちに憲法を変えればよい、との思惑通りに進んでいるように思います。

ナチス政権は、言うまでもなくホロコーストをはじめ数々の非人道的な政策を強行しドイツを破滅に導いた狂信的な独裁政権ですが、もとはと言えば、ワイマール憲法のもとで合法的に成立した政権です。政権を握ったヒトラーはすぐに憲法を停止し、独裁政治に向けて着々と周囲を固める一方、第一次世界大戦の敗戦国ドイツに二百億マルク（当時の日本円で約百億円）という天文学的な賠償を課したベルサイユ条約の一方的な破棄と再軍備を宣言。世界恐慌後の経済的安定を回復させ、多額の軍事支出や混合経済を用いて大量失業を解消、アウトバーンなどの公共事業に力を入れて壊滅状態にあったドイツ経済を立て直し、国民の圧倒的な支持を得て全体主義国家を作り上げました。

選挙のたびに「アベノミクス」をお題目に経済発展を唱え国民の目を欺きながら、最終的には軍国主義の復活、軍事大国化を目論む安倍政権の進め方と実によく似ています。この「独裁者は笑顔とともにやってくる……」目論みに気づかず、目先の経済政策にとらわれて安倍政権を支持し続ける〝おバカな国民〟がなんと多いことでしょう。

今夜、仲良く一杯飲んでいた隣の気の良いおやじが、明日になれば、不埒な〝非国民〟を見つけて密告する狂信的な愛国者に変身するのです。

この恐ろしさを身に染みて知っているのは戦争体験者です。しかし、実戦を体験された方たちはほとんど亡くなっておられ、生存されている方もかなり高齢で記憶も年々薄れています。

この機会に、身をもって戦争を体験された先人たちの〝遺言〟を何とか残しておかなければと思いたち身近な先輩方を訪ねました。

戦争とどうかかわられたのか、また戦後七十年の平和をどのように受け止め、改憲の動きをどう感じておられるのかなど、思いの一端をお聞きしました。

声をかけたうち、応じて頂いたのは次の四人の方々です。

（一）元予備士官学校生　島　一雄さん（九二歳）
「敗戦の責任を背負い一途に生きてきた
　徹底した戦中教育に洗脳され……」

（二）元日本兵　鬼島龍一さん（九二歳）
「憲法を変えて軍隊を作っては絶対だめだが
　秘密保護法の方がもっと恐ろしい」

（三）元憲兵　西岡　弘さん（九二歳）
「戦争はあかん。こりごりや。
　平和……？　ポツダム宣言のお陰や」

（四）台湾国籍の元日本兵（九四歳）
「憲法を論じる資格はないが、
　七十年間年間戦争がなかったのは
　憲法のお陰だよ」

いずれも、長い間、心の奥深く閉ざされてきた戦争の実体験について重い口を開いて下さいました。

（二〇一六年六月）

敗戦の責任を背負い
一途に生きてきた
徹底した戦中教育に洗脳され……

元予備士官学校生　島　一雄さん（九二歳）

●一九二四年（大正十三年）富山県生まれ。尋常小学校時代には満州事変、日中戦争、第二次世界大戦、太平洋戦争突入に続いて沖縄軍全滅の昭和二十年旧制の神戸高等工業学校（神戸高工＝現・神戸大学工学部）在学中、召集されて久留米の陸軍第一予備士官学校に入校。本土決戦に備え日夜特訓を受けた。戦後は商社勤務から環境整備会社に出向。公害防止に尽力するとともに戦友会、母校の同窓会、環境同業ＯＢ会などの世話役をいまも続けている。

――学生時代はずっと戦時下でしたね。

「そう、私たちの年代はみな勤労動員や学徒出陣で勉強などほとんどできなかった。国家総動員法が出た昭和十三年四月一日に兵庫県立第三神戸中学校（現・県立長田高校）に入学。七月に阪神大水害もあったが、終戦まで学校では軍事教練、勤労動員、学徒出陣と戦時色一色だった。大東亜戦争開戦二年目の昭和十八年に神戸高工に入ったが、すぐに勤労動員で神戸製鋼、川西航空機、芝浦工機などで働いた。戦闘機『紫電』の組み立て、機関銃の組み立て、工作機械の設計製作などに従事。この間、空襲で多くの死傷者が出た。昭和十八年十月の神宮外苑の出陣学徒壮行会には私たちの同級生も参加した。そのうち約一万人の同志が戦地、沖縄特攻で戦死、広島で被爆して死んだ」

――召集令状が来たのは終戦直前でしたね。

「戦局はますます悪化して、七月ついに『召集令状』が来た。八月二日に士官学校に入学した。身分は特別甲種幹部候補生で伍長。沖縄戦に続いて上陸予告のあった志布志防衛のため勇隊重機関銃部隊に配属され日夜特訓を受けた。このとき機関銃を一緒に担いだのが偶然にも同期（神戸高工土木科在学）の笹山幸俊元神戸市長だった。

――すぐに八月十五日の終戦になりました。

「私らは八月十五日を知らされなかった。実際に召集解除になったのは九月二十日だった。玉音放送も聞いていない。西部軍あげて『本土決戦！最後まで戦う』との命令。ただ町の風呂屋への行き帰りに久留米の高専が卒業式しているという噂で終戦のことはうすうす感じていたが、二、三日後に西部軍司令官命令で『終戦確定、兵器返納。予備役編入召集解除』となった。笹山さんと相談して、とりあえず学校に帰り報告しなければということになり、久留米から貨車や船を乗り継いで神戸に向かったが、途中広島付近は原爆投下で汽車は不通。己斐駅（西広島駅）から東広島駅まで約十三キロ歩いたが、夜間だったので街のようすはわからなかった。

兵庫駅に着いたら辺り一面空襲で焼け野原。我が家も丸焼けだった。行くところがないので一緒に帰ってきた笹山さんとテントを張って野宿。翌日学校に行き除隊の報告をしたら、『君たちはもう卒業になっている』と告げられた。トコロテン式に押し出されて九月十六日に卒業となっていた。この間、登校して勉学したのは七カ月くらいやった。とりあえず私は富山に帰り、笹山さんは鹿児島に帰った。」

――それから七十年をどう生きて来られましたか。

「昭和五十年ごろに『大正生まれ』（文末参照）という歌が作られた。私らの年代はみなこの通り。帰郷して教育者の祖父に相談すると、『父親は船員で不在がち。お前は五人兄弟の長男や。闇屋はだめ、自分の汗で食っていけ』と諭された。昭和二十一年正月神戸に帰り、芦屋の親友の父君の世話で安宅産業の工事部に入り、石炭、石油、鉄、薬、繊維、紙パルプ、古紙再生、し尿・下水処理などを手がけながら全国を転々とした。のちに新幹線車両の糞尿処理を命じられたときは、ためらったが、『お国のため何でもすると言うたやないか』と言われ引き受けた。いまでは当たり前になった糞尿の〝固液分離〟を考え出したのもそのころだ。あちこち渡り歩くうちにいろんな付き合いができて人脈が広がって、同窓会やOB会の世話役を頼まれるようになった。神戸市長になった笹山さんとそのあとの矢田市長の後援会を引き受け、六期二十四年間、神戸の復旧、復興の手伝いができた。これも人のため、お国のためにやってきたと密かに自負している」

――この間、新しい日本国憲法が戦争放棄を掲げたことで平和が保たれてきたと思いますが。

「そうだなあ……。しかし、私は平和とか憲法とかを意識したことがあまりない。稼ぐことで精いっぱいだった。戦争に負けたのはほかでもない、自分たちの責任だと思っている。だから祖国の復旧、復興は自分たちの使命だと腹に決めてやってきた。戦後間もない頃はイモや大豆かすを食いながらがむしゃらにがんばった。『なにくそ。負けるか！』と働いた結果、今日の目覚ましい経済発展を遂げるもとになったと思っている」

「戦争が終わっても、青春時代に叩き込まれた教育勅語や軍人勅諭、戦陣訓は簡単には抜けない。中でも〝敵前逃亡〟などは最大の恥と肝に銘じてやってきた。だから何事も頼まれたらやめてくれと言われるまで後ろに引かずやり抜いてきた」

学徒出陣式（1943 年 10 月）

――終戦七十年目の去年（平成二十七年）の秋、淡路島で戦没学徒追悼の施設「若人の広場」の再開式典に招かれて追悼の辞を述べられました。その中で平和の大切さを強調されました。

「学業半ばで日の丸と軍歌に送られて戦地に向かい、祖国のため悲惨な戦禍に散った二十万人の学友たちを思うと、万感胸に迫り言葉もない。今日の平和と発展が彼らの尊い犠牲の上に達成されたことを決して忘れることなく、戦争を知らない世代に戦争の悲惨さ、命の尊さ、平和の大切さを語り継ぐことをお誓いした」

「戦時中は国民と非国民しかなかった。平和などを口にしようものなら、みな非国民扱いされて投獄されるか戦地に送られた。戦争を批判していた者が敗戦の途端、『平和、平和』と叫び始めた。平和でよかったなあという思いは頭のどこかにあるが、平和を何か売り物にしているようで馴染めない」


――それでも、私はこの七十年間戦争がなかったのは平和憲法のお陰と思います。

「う〜ん、そんな意識はなかった、考えたこともなかった。悲惨な戦禍に散った仲間への弔いと敵への憎しみ、戦争に負けた悔しさと責任感をバネに生きてきた。ただひたすら人のため、世のためと心に決め、仕事に没頭してきた。し尿処理や産業廃棄物の処理などどちらかと言えば人の嫌がる仕事ができたのもそこにある。環境面で人類に貢献してきたという自負がある。いまの中国を見ていると四十年前に私らがやってきたことを思い出す。環境の仕事で世界を回ったが、紛争中のイラクやイランで仕事ができたのも日本人やったからかな……。ま、言われてみれば憲法9条のお陰やったとも思える。その思いが戦没学徒追悼式の追悼の辞に出たのかも知れない」


――いま、安倍内閣と自民党は平和憲法を変え、戦争の出来る国にしようとしています。

「戦争するために改正するようなことがあってはならない。9条を変えることについては大いに抵抗がある。『戦争は悪』ということを語り継いでいかなければならないという思いはずっと頭にある。私の父は船員だった。大戦前は大阪商船の移民船に乗っていた。戦時中、軍に徴用された輸送船に乗っていて台湾沖で三回も撃沈された。九死に一生を得て戦後はシベリア、中国からの復員船に乗っていたが、親子二代にわたって戦争に振り回された。もう戦争をしてはならない。ただ、隣国が軍備を拡大して周辺を力で抑えようとしている今日、国を守るためにどうするかについては真剣に考えなければならないと思っている」

――最後に、安倍内閣をどうご覧になりますか。

「危ない。いま政界、財界を動かしているのは、日米安保闘争や大学紛争で赤旗を振り回していた年代。私たちは、男は外で働き国の復興をめざし家庭を顧みず子弟の教育を等閑《なおざり》にした感は否めない。開戦前夜の首相だった米内光政が言った。『ジリ貧を避けようとしてドカ貧にならぬよう注意すべし』と。アベノミクスはまさにこの通りのような気がする。一千兆円の借財があるのに、赤字国債を発行して年金、介護、子育て対策などに充てると言う。

それで団塊の世代の蓄えはどうなるのか。高齢化は一層進む。私たちの時代は人生五十年と教えられていたが、今や男性八〇歳、女性八九歳の時代。これからは医学も進み健康志向でさらに長命になる。これにどう対応していくのか。変な民主主義がはびこっている。これからの日本を憂いている。イギリスがEUを離れたが、これも危ない方向にいくんやなあという気がする。

厚生年金のお世話になっている身分だが、言いたい放題だったかな。反省！」

「大正生まれ」　作詞：小林　朗

♪大正生まれの俺たちは／明治の親父《おやじ》に育てられ／忠君愛国そのままに／お国のために働いて／みんなのために死んでいきゃ／日本男子の本懐と／覚悟は決めていた／なあお前

♪大正生まれの青春は／すべて戦争《いくさ》のただなかで

／戦い毎《ごと》の尖兵《せんぺい》は／みな大正の俺たちだ／終戦迎えたその時は／西に東に駆けまわり／苦しかったぞ／なあお前

♪大正生まれの俺たちにゃ／再建日本の大仕事／政治経済教育と／ただがむしゃらに四十年／泣きも笑いも出つくして／やっとふりむきゃ乱れ足／まだまだやらなきゃ／なぬぞなあお前／しっかりやろうぜ／なあお前

♪大正生れの俺たちは／五十、六十のよい男／子供もいまではパパになり／可愛いい孫も育ってる／それでもまだまだ若造だ／やらねばならぬことがある／休んじゃならぬなあお前

（作詞者の小林さんは大正一四年生まれで、大学の同窓会活動の友人。平成八年没）

憲法を変えて軍隊を作っては絶対だめだが、秘密保護法の方がもっと恐ろしい

元日本兵　鬼島龍一さん（九二歳）

●一九二四年（大正十三年）名古屋市で生まれる。尋常高等小学校、商業学校を繰り上げ卒業後、商社に勤務。昭和十九年に現役入隊。名古屋の歩兵連隊に入隊後、中国大陸に送られる。南京から海南島へ移動中に終戦。広東で捕虜生活を送り昭和二十一年に引き揚上げ、もとの会社に三十四年間勤務。阪神・淡路大震災に被災。奥さんは施設に預けて神戸市垂水区で一人暮らし。

――鬼島さんは、戦争末期に中国大陸におられたのですね。

「当時、中学を卒業すればすぐ徴用にとられ軍事

工場で働かされたが、ぼくは伝手《つて》で機械や機械工具を製造販売する商事会社に入れてもらった。しかし、昭和十八年十二月には零戦のエンジンを作る工場に徴用され、翌年十九年十月に名古屋の歩兵第六連隊（中部二部隊）に現役入隊した。近所の同級生と二人で近所の氏神さんで必勝祈願して日の丸の旗と軍歌に送られて入隊。半月後には博多から釜山経由で中国大陸に送られた」

——中国では実戦に参加されたのですか。

「徐州近郊の町に着いたが、新兵なので第一期検閲を受けた。この教育期間中、週に一回は敵襲を受けた。このあと原隊のいる海南島に向かうことになった。昭和二十年一月に南京（当時、国民政府の首都）から武漢に向けて揚子江沿いに進軍。守備隊に守られながら敵の目を避けるため夜間を歩き通した。途中、米軍機の機銃掃射を受けたり、後方の守備隊との戦闘で流れ弾がひゅんひゅん飛んできたが、安全地帯を選んで進んだので幸運にも本格的な戦闘はなかった。しかし、行軍はきつかった。ぼくは栄養失調で血尿が出て、安慶という所で入院するはめになった。苦しかった」

——行軍の途中、南京を通過されていますが、昭和十二年に日本兵による暴行や大量虐殺があったと聞いています。街のようすをご覧になりましたか。また、朝鮮人女性による従軍慰安婦が問題になっていますが、実際はどうだったのですか。

「南京では船を待つために待機しただけで街は見ていないが、安慶で入院中に負傷兵からようすを聞いた。もうむちゃくちゃな話だった。街はぼろ

ぼろに破壊され、民家に押し入って略奪するし抵抗する中国人は片っ端から銃剣で刺し殺す、女の人は強姦する、と言ったひどい話だった。中には自慢げに話す兵隊もいた。普通ではとても考えられないことだった」

「徐州や武昌といった大きな街には慰安所があった。女性はほとんどが朝鮮人だったと聞いたが、ぼくら新兵は行けなかった。ここでも得意げに〝戦果〟を話す兵隊がいた。それ以上のことはわからない」

——八月十五日の終戦時はどこにおられたのですか。

「一カ月ほど入院して七月終りに退院。武漢から二百キロ南にある長沙という町で終戦を知った。無線係の兵隊が教えてくれた。しかし、正式に聞いたのは八月の終わりだった。行軍の隊長が軍司令官の言葉として終戦を伝えた。ところが、みんなは負けた気がしない。何にもやられていないのになんでや、とぶつぶつ言っていた。南方戦線の悲惨な状況のことなどまったく知らなかった」

——それで捕虜になったのですね。

「昭和二十年の十月の終わりに武装解除となり、一緒に行動した守備隊（東京の独立歩兵第四旅団）に転属となった。広東郊外の白鶴洞《はっかくどう》という所に送られて捕虜生活が始まった。

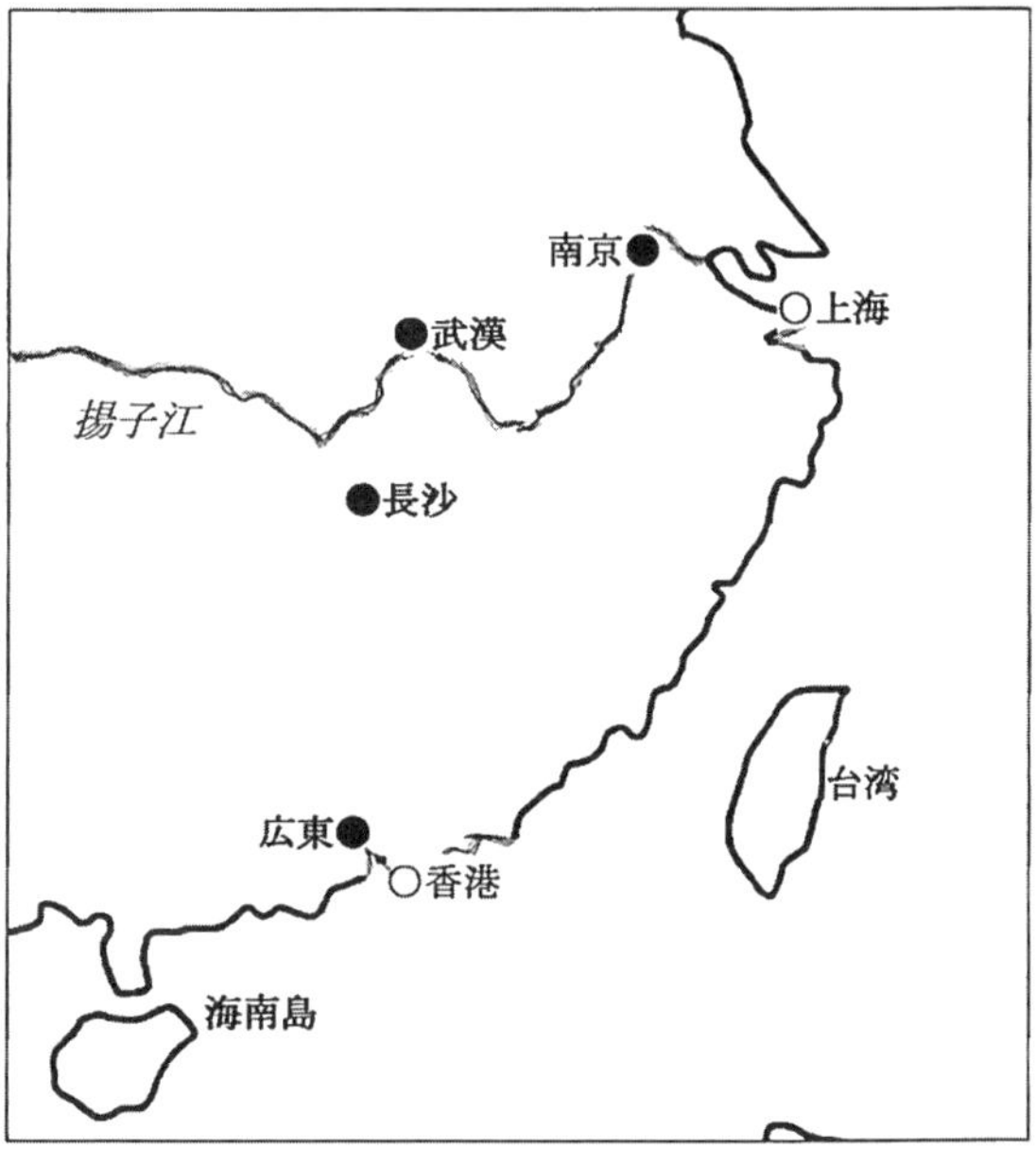

捕虜といっても厳しい監視のもとに置かれるわけでもなく、かなりのんびりしていた。命令される仕事といえば広東の補給所に出かけて物資の整理をするぐらい。日本軍が香港で接収した軍服、婦人服の生地、ウィスキー、嗜好品などを数えて整理するのだが、もともとの数量がわからないのでどんどん持ち出して米やパン、肉と交換する者もいた。中には国府軍将校の家に車いっぱいの反物を届けて奥さんをびっくりさせた」

――もうこの頃は国共内戦が始まっていましたね。危なくなかったですか。

「あちこちで国民政府軍（国府軍）と共産党軍（八路軍）がドンパチやっていたが、ぼくらは見ているだけだった。国府軍から『満州方面にガソリンを送る手伝いをしてほしい』と頼みに来るし、八路軍からは『日本に帰っても焼け野原になって食べるものもない。こちらに残って我々と一緒に戦わないか』と誘う者がいた。そのうちに部隊の二、三人がいなくなった。多分、誘いに乗って内戦に加わったのだろう」

――その後、内地へは無事に帰られたのですか。

「昭和二十一年四月一日に広東から米軍のＬＳＴ（大型の上陸用舟艇）に積み込まれて日本に向った。一週間ほどで鹿児島に着いたが、船内でコレラが発生して上陸を拒否された。船は台湾沖まで引き返し、外洋を大きく迂回して浦賀に着いたが、船内で一カ月間足止めを食らい上陸できたのは五月ごろだった。そのまま名古屋の実家に帰ったものの家は焼け焦げて何もなかった。だから戦前の写真は

米軍 LST（上陸用舟艇）

一枚も残っていない。人形の製作をしていた父親は下の妹三人を連れて多治見に疎開していた（母はぼくが小学校のとき病死していた）。幸い元の会社は無事ですぐに復帰させてくれた。

昭和四十六年に倉庫手伝いで倉庫の整理中、クレーンで移動中の荷物が落下して頸椎挫傷で百日間入院した。それ以来、昭和五十五年に退職するまでずっと大阪支店勤務だった。そのころの世間は食糧難で大変だったが、ぼくの会社はヤミ米を都合していたので食糧に困ることはなかった」

――退職後はどうされていたのですか。

「嘱託で残るよう勧められたが、大阪まで時間がかかるので断った。一年ほど遊んで神戸の運送店に勤め事務の仕事を手伝った。平成七年の阪神・淡路大震災では今住んでいるマンションが全壊、建て替えたが、通勤もむずかしくなったので仕事もやめた。十二年前に大腸がんで人工肛門になった」

――戦後七十年にわたる日本の平和は、やはり憲法で守られてきたと実感するのですが。

「お恥ずかしい話だが、ぼくは憲法というのをよく知らなかった。別に取り立てて意識することもなかった。最近になって憲法ってなんだろう、9条ってなんだろうと思いだして、9条の会に聞きに行った。そこで日本国憲法と自民党の憲法改正草案の比較表をもらった」

――いまの安倍内閣は、その平和憲法を変えて戦争の出来る国にしようとしています。

「絶対にアカン。戦前の軍隊を作ろうとしている。軍隊は悲惨そのもの。経験していない人にはわからないだろうが、あんな不衛生でひどいところはない。前線での戦死者も多いが、戦病死も多かった。気が狂う人も少なくない。徐州では同行の若い兵士が壁に向って座ったまま突然『もう帰る！』と叫んだのにはびっくりした。もうこりごり。なんでいま憲法を変えようとするのかわからん。なぜ三分の二もの国会議員が改憲に賛成しようとしているのかわからない。

　学校、教育も危ない。戦前、忠君愛国は正しいと教わった。その教育を復活しようとしている」

「もっとも恐ろしいのは、秘密保護法だ。当時は治安維持法というのがあってがんじがらめにされていた。ぼくは勤労動員に行っている時、たまたま痔の手術で休んだ。ところが特高(特別高等警察)がきて『貴様、勝手に休んだな。なぜ会社の病院に入院しないのか。誰かと話したのだろう。何を誰と話したのか』などと一日中取り調べを受けた。いくら説明しても聞いてくれず恫喝されるばかりだった。同じ警察署内で五、六人の学生が土間に正座させられて自白を強要されていた。何か口答えすると竹刀でひどく殴られていた。恐ろしい光景だった。こんなものが復活すると思うとぞっとする」

「武器を手にしたら必ず使ってみたくなる。銃をもったら強くなったような気がするのだ。武器を持たずに外交で話し合いで解決することしかない」

戦争はあかん。こりごりや。
平和……？　ポツダム宣言のお陰や

元憲兵　西岡　弘さん（九一歳）

●一九二五年（大正十四年）京都市に生まれる。焼き物作りの専修学校を卒業、昭和十八年舞鶴の海軍火薬所に徴用される。昭和二十年京都の憲兵隊に召集。戦後、京焼き物店を営んでいたが、捕虜の米兵を虐待したとして公職追放になる。昭和二十七年結婚。住宅会社に二十年間勤務。西宮市で奥さんと二人暮らし。

――青春時代はやはり戦争一色でしたね。

「ぼくは、京都の五条坂で陶器の絵づけをしていた焼もん屋（陶磁器店）の十人兄姉の末っ子に生まれた。生まれて一週間後に母親は死んだ。それから長姉が母親代わりをしてくれたが、五歳のときに父親も亡くなった。六波羅尋常高等小学校を出てから清水焼の卸をやっていた義兄（長姉の夫）の店で働いた。京都商工専修学校の夜間に通って陶器の勉強をした。平和なもんやった」

――やがて、戦争に巻き込まれるのですね。

「そう、太平洋戦争が始まって二年目の昭和十八年に徴用が来た。一八歳の時やな。『この非常時にこんな平和な商売（陶器店のこと）しとったらあかん。軍需工場で働け』というわけや。海軍の火薬を作る舞鶴の第三海軍火薬所に行かされた。この工場は、ドイツから火薬を爪に隠して持ち帰って研究開発をした下瀬博士にちなんで下瀬工場と言われていた。すごく危険な所でここではひどい目に遭った。毎日鉄砲の弾や砲弾の火薬を作る仕事や。原料の硝酸や硫酸ガスをまともに吸うんで多くの者が胸をやられた。ぼくは胸はやられなかったが、歯がぼろぼろになった。また、爆発事故もしょっちゅう起こって死んだ者や目をやられた者も多かった。あんまりきついんで、『下瀬に行くか首吊るか』と言われたほどやった。たまらず逃げ出す者も絶たない。実際、一時外泊で京都に帰った知り合いは円山公園で首を吊って死んだ」

――そのあと召集令状が来たのですね。〝泣く子も黙る憲兵隊〟だったとか……。

「火薬工場で二年間働いた。なんとかうまいこと逃れたんやが、昭和二十年の一月に召集令状が来た。二〇歳のときや。配属先は伏見の中部三七部隊・京都伏見憲兵分隊。いわば軍隊内の警察やな。普通、新兵は二等兵か一等兵やなんやけど、憲兵は補助兵でもいきなり上等兵の扱いやった。不審な兵隊や脱走、逃亡兵などを捕まえて取り調べるんや。ぼくら新兵は留置場の監視ぐらいで、取り調べは上官がやっていた。かなりきつい取り調べを見た。空襲警報が出ている最中に電灯をつけて合図したとか、信号を送っていた、集まって何やら不穏な話をしていたとかのスパイ容疑で引っ張ってくる。みんな密告やな。調べに対して思うように白状せんと拷問にかける。手錠をかけたまま防火用水に投げ込んで、浮いてきたらほうきで顔をはたいているのを見た。みんな苦しいから吐く」

――西岡さんも手を下したことはあるのですか。

「ただ見てるだけやった。変なことしたらこっちが危ない。ぼくがかかわった取り調べといえば、木津の方でB29がたまたま弾に当たって墜落した。乗り組んでいた米兵三、四人が生き残っていて、これを逮捕して調べろとの命令で分隊に連れ帰った。行ったときはすでに青年団が捕まえて縛り上げていた。取り調べといっても、どこから来た、所属はどこかといった簡単なもの。サイパンから来て朝飯を食べていたら弾に当たったと言っていた。そのまま東京に送られたが、あとでみな銃殺されたと聞いた」

――奥さん（久子さん）は戦時中どうだったのですか。

「女学校では、開戦前だったので授業の一環としての勤労奉仕で、一回だけ軍需工場で火薬詰めをしましたが、あとは畑を耕してサツマイモを植えたり野菜を作ったりで、授業もありました。ただ勉強といっても数学、理科だけで英語や世界地理はなく神代の時代からの日本史だけでした。ですから世界地図など見たことがなく、どこの国がどこにあるのかも知りませんでした。学校で習う歌はみんな軍歌ばかりで、卒業式も『蛍の光』ではなく、訳の分からないドイツの歌でした」

勤労奉仕

――卒業後に徴用、動員などはなかったのですか。

「私は卒業してすぐ軍需工場に勤めましたので動員はありませんでした。京都は空襲がありませんでしたが、それでも三菱の軍需工場が二回ほど爆撃を受けました」

――弘さんは、敗戦をどうしてお知りになりましたか。

「憲兵分隊に集められ、整列して玉音放送を聞かされた。何を言うてるのかようわからんかったけど、戦争に負けた、終わったということはわかった」

（久子さん）「私はあ～終わった。今夜から電灯をつけられると思った。そのほかのことはあまり覚えていない」

――憲兵隊にいたということで戦後、戦争責任を問われなかったのですか。

「戦争が終わってもとの陶器店に戻ったが、昭和二十一年一月に公職追放令が出て公職追放になった。直接言われたわけでなく官報に載っただけやった。理由は墜落したB29の米兵を逮捕して取り調べたというのが理由。捕虜をちょっと虐待したということで、まあC級戦犯の下やな。三年間ほどやったけど、茶碗屋には何の関係もなかったし、そのあと長い間会社勤めしたが何の問題もなかった」


――戦後七十年、日本は戦争をしませんでした。戦争で人を殺し殺されることがありませんでした。まさに平和憲法のお陰と思いますが、どう思われますか。

（弘さん）「そんな難しいことはわからん。覚えとらん。ポツダム宣言のお陰やろ」

（久子さん）「すみません。主人は最近物忘れがひどくなり、話がうまくできなくなりました。

私から少しお話しさせていただいてよろしいでしょうか。戦後、外国で戦争があっても、憲法があったから参加せずにおれました。これは間違いないと思います。でも、これからはこのまま世界が許してくれるかどうか……。スイスのように永世中立国ならわかるのですが、日本はどうなるのでしょう」

「もし戦争に勝っていたらいまごろ国はなくなっていたのではないでしょうか。竹やりで戦えなどと言われて真剣に訓練しましたが、いまから考えたらつくづくばからしいと思います。それだけ教育の力は大きく恐ろしいと思います。その教育も昔のように変えて行こうとしています。偉い人がいっぱいいるのになんで反対しないのか、不思議でなりません」

憲法を論じる資格はないが七十年間戦争がなかったのは憲法のお陰だよ

台湾国籍の元日本兵（九三歳）

●一九二三年（大正十二年）台湾・高雄市に生まれる。昭和十六年の太平洋戦争開戦直前に横浜の金属加工会社に就職。昭和十八年派遣先のボルネオ島で召集。戦後は日本人と結婚、台湾国籍のまま神戸市中央区で夫婦、三女と暮らす。※在日台湾人という立場で政治的な発言することを心配されたご家族の心情を思い匿名とした。

――どういう経緯で台湾から来られたのですか。徴用ですか。

「台湾は日本の植民地だった。生まれたとき国籍は日本だった。三歳と五歳の時に母と父を相次いで亡くした。小学校を出て台湾の鉄工所に丁稚として働きに出た。仕事はいろいろな機械を作る作業だった。見習いから〝産業戦士〟として徴用され、太平洋戦争開戦直前の昭和十六年九月に横浜の金属加工会社（日本工機）に来た。数えで二〇歳のときだった。ここでは軍用機や軍艦などの精密機械を作っていた」

――召集令状がきたのはいつですか。

「当時、日本は資源を求めて東南アジアへ進出、輸送基地建設の技術者（軍属）として会社からボルネオ島に派遣された。シンガポールやインドネシアなどで石油や石炭の輸送基地の建設に携わっていた。そのまま昭和十八年に現地で召集され軍属から兵隊になった。日本兵だ。だが日に日に戦況は不利になり、敵前上陸をめざす米軍の艦砲射撃や空襲が激しくなった。港にあった三十二隻の海防艦や駆逐艦はことごとく潜水艦にやられ全滅状態だった。

敗戦直前の昭和二十年三月、本土決戦の命令でわずかに残った二隻の船で内地に引き揚げた。生きて帰れたのが奇跡だった。門司に着いて汽車で東に向かい神戸で降りた。その夜に大空襲があった。二、三日待機して横浜に帰ったらここもみな燃えていた。何もないのでそのまま新潟県の新発田に行き鉱山の仕事をした。中国人の捕虜がたくさんいた。強制労働だろう。ここで終戦となった」

――日本の敗戦で台湾の人たちもようやく植民地から解放されました。

「やっと終わってよかった。お上は真っ赤なウソをついていたが、絶対負けるのはわかっていた。台湾人は解放されたが、〝第三国人〟というレッテルを貼られ徹底的に差別された。新発田にいるとき進駐軍のＭＰがそばにおれば、『好きなだけご飯食べなさい』と親切にしてくれたが、ＭＰがいなくなると『お前ら三国人にやる飯はない』と追い出された。差別をされても台湾に帰らなかった」

――台湾になぜ帰られなかったのですか。

「終戦で会社もつぶれて仕事を失った。家族の生死がわからない。もう台湾へ帰ろうと思ったが、ここにいればとりあえず住む所はあるし真面目に、飢え死にしないと思った。正直にやっていれば良かったのか、悪かったのか……」

――戦後七十年間、日本が戦争しなかったのはなぜでしょうか。

「それは、憲法のお陰だよ。日本国民でないので憲法や政治を論じる資格はないが、これは間違いない」

――その憲法を変えようとしています。

「憲法より自分が大事だと思っている人や戦争が好きな人がいる。金持ちだよ。だが戦争は惨めなものだ。体験したものでなければわからんよ。テレビなんかで兵隊が鉄砲を軽々持って戦っているが、実際は重いんだ。弾は前からばかり飛んでこない。後ろから飛んでくることもある」

「戦場では逃げたくても逃げられない。戦後フィリピン・ルバング島で発見された小野田寛郎さん（敗戦を信じず約三〇年にわたりルバング島にとどまった元陸軍少尉）なんか、ずいぶんもてはやされたが、あれは逃亡兵だよ。戦死すれば神様として祀ってもらうが、軍神と崇められている人はみな犠牲者だ。大いに勘違いしている」

「戦後もあわれだった。傷病兵、戦災孤児、戦争未亡人、再婚しようにももらい手がない、それに進駐軍のおもちゃにされる女性……」

「アメリカについて行くのは危ないよ。アメリカが戦争したら協力しなくちゃならない。出兵せなならん。戦争は人殺しだよ。国を守るとかなんとか言ってるが、殺すか殺されるかだ。相手にも家族がいるんだよ。憲法を変えようとする人は、人を殺しに行く覚悟があるのか……。勝ち負けには意味がない。なんとしても生き残らなければ」

「日本にいる以上、こんなことは気心の知れた人にしか言えないが、危機感を感じる。もう始まるな、止まらなくなるな、と」

「戦後、多くの人たちのお世話になった。昨年末病気で入院した際は、たくさんの人たちに助けてもらって命拾いした。ぼくが元気でいることがこれらの人たちへの恩返しだと思ってがんばって生きて行く」

【ご家族の話し】

体力的にかなり弱っているので、昔のお話をするのが負担になったようだ。植民地時代の台湾に生まれ、幼少期から言うに言われぬ苦労を重ねてきた。日本と台湾の間のズルズルの中で生きてきた。本人は明るい性格で、辛いことは見ず楽しいことだけを見てきたように思う。言葉には出さないが、日本人でないことで気後れする場面が多かったことは確か。台湾は親日的と言われているが、みんながそう思っているわけではない。今でも残る「三国人」という差別に深く傷ついていることを知ってほしい。

戦後七十年を生きて〜
私の大切な出会いと答責の思想

高田千枝子

一九四六年（昭和二十一年）八月二十二日生まれの私は七〇歳になりました。

この七十年に、私にとって大事な出来ごと、出会いが三つありました。それらが現在の私をかたちづくっています。

子どもを得たこと

結婚した相手は一九三五年（昭和十年）に生まれ、戦争の時代に幼児期を過ごし、疎開を経験し、日本の敗戦時には一〇歳でした。戦後は東京、練馬区で家族と満州から引き揚げてきた親戚一家との生活がしばらく続きました。敗戦後の急激に変化していく中で青年期を過ごし、日本がひき起こした戦争について、自身が生きている間、各分野の人々の言論を通し、考え続けた人間でした。

職業はグラフィックデザイナー、美術系大学の教員。これから社会に出ていく若い人たちに対して、日本の社会とどう向きあって仕事をするのかを問い、考え、話をし合いながらの人生でした。同世代の人よりはいつも若い人たちに期待をしながら、熱心に付きあっていました。

結婚したのは一九七〇年（昭和四五年）。

この年、土本典昭監督による水俣病のドキュメント映画を観て私は大きな衝撃を受けました。あまりに呑気だった私は映像を通して現実に起きている状況を受け取める素地もなく、驚愕するばかりでした。

全共闘世代といわれる私は大学闘争を体験しているにもかかわらず、闘争への問題意識もうすく、いわゆるノンポリというくくりの中で生きていました。

しかし、水俣病のことを映像を通して知ることで、少しずつ社会と自分の関係を考えざるを得なくなります。

一九七三年（昭和四八年）、第一子が生まれます。水俣病問題を通して日本社会の現状に関心をもつようになって、この社会の中で子どもを育て、社会に送り出すという責任の大きさを強く感じ、エライことになったと思いました。親として大人として子どもをどう育てるか、育てるこちら側はどうあったらいいのか、夫とよく話をしました。まあ、子どもは親をしり目にどんどん成長していきましたが……。子育てしながら自分が育たなければならないことを思い知らされました。こうして社会の中で生活することと生きることが結びついていきました。

その後、森永ヒ素ミルク事件、カネミ油症事件など食品公害問題が起こり、本当にひとごとでないと思いました。

こうした社会状況の中で、毎日の生活は、食べものをどう選んだらいいのかなど様々なことが気になりはじめました。当時、東京を流れる多摩川の汚染はひどく、家庭排水がその原因の最大のものであることが報道されていました。少しの知識で知ったひとつは、日々の洗濯に使う洗剤は合成洗剤ではなく石けんを使うということでした。使った水を少しでも汚染させない、子どもの身体に害が及ばない商品を選ぶ、こちらの認識が大事だと思いました。しかし当時、石けんを手に入れるには手間ヒマがかかりました。店頭に置いてないのです。こうした生活の中での強い切望は生活クラブ生協と出会うことにつながりました。一九七七年のことです。

生活クラブに出会う

生活クラブ生協は、一九三二年（昭和七年）生まれの岩根邦雄が一九六五年に東京、世田谷区に生活クラブを創設。その後一九六八年に生活クラブ生活協同組合として発足します。京都で生まれ育った岩根はカメラマンを志して上京します。六〇年安保闘争にフリーカメラマンとなって遭遇。安保の敗北による衝撃を受けて社会党に入党。六三年、世田谷区議選に社会党から立候補するが惨敗。その後、世田谷区で地域活動を始めます。

岩根は、当時を振り返って言います。「自分たちの身近な場所＝地域社会での実践のきっかけを牛乳に見い出し、牛乳の共同購入をはじめた。それは社会党から言われてやる活動とは違って、共同購入をする人たちの勧誘、牛乳を安く卸してくれるメーカーを探す、牛乳の置き場の確保など様々な苦労を味わいながらの大変に工夫のいる活動であった。また生活クラブをつくるにあたり、行政に対抗できるだけの政策能力、活動能力を自分たち市民がもてるようになろう、草の根の市民の活動的な組織をつくっていきたいということが基本であった。これらは官公労を中心とする労組とそこから選出された議員の利害を基本とする社会党に全く欠けていた能力であると痛感してきた。当時、森永ヒ素ミルク事件やカネミ油症事件などの企業による犯罪的な食品公害問題が起きて、それに対する消費者の悲鳴みたいなものから生活クラブ生協は始まっている面がある。

地域の女性消費者のリアリティーという社会の根底のところから社会全体を問い直すということをくそ真面目にやってきたのが生活クラブなのではないかという気がする。しかも共同購入をやると同時に、ゴミ、廃棄の問題に取り組んできた。循環型の環境問題と経済の仕組みを問題にしてきた。

初期の生活クラブ生協の問題意識と運動の内実は、矛盾はあるが世界的な六八年改革の潮流の中で本質的に急進的だったと言えるのではないか。生活クラブは、全く白紙の状態の女性たちに向けて問題提起したわけで、だからこそ飛躍的な展開ができた。まさしく素人の底力の現出と言えると思う。」

一九七八年に生活クラブが生協になって十年という時間軸のなかで、岩根は政治運動に具体的に着手します。政治団体〝グループ生活者〟（現在は〝生活者ネットワーク〟）を結成。一九七九年に練馬区議会に初の議員を誕生させます（生活クラブでは議員を代理人と呼び、代理人と一緒に自分たちの生活レベルでの課題を政策課題として政治の場から社会を変えていこうとする運動を代理人運動としている）。

岩根は、「自分たちの意見を代理する代理人を議会に送り出し、自分たちの目指す社会を実現しようとする運動と有機的につながりながら、地方議会そのものを革新していくことを求めなければならない。たった一人の代理人である議員が出ただけでも密室状態の議会を白日の下にさらすことができる。議員たちが恐れるのは自分たちがいい加減なことをしているのを外に知らされることであり、秘密にされていることを公開すること、それが代理人のすべき第一の仕事であろう。素人の議員が議会に入って、素人の常識で、素人が生活のなかで当たり前だと感じていることを議会のなかに持ち込まなければどうにもならない。自分たちの代理人が我々の意思を代理して議会で発言してもらうということである。こうした考えから代理人構想という形で打ち出した。あえて法律用語のような言葉を使ったが、その言葉によって状況に対しインパクトを与えていく、思想というものが力になるということを〝代理人〟という言葉に求めた。」

私は一九七九年の練馬区議会に代理人としての議員を送り出す提案がされた時は、組合員になって二年が経っていました。日々の活動や学習は政治と生活がいかに直結しているかを痛感することばかりでしたので、強い共感をもって推し進めようと動き出しました。当時の決定に至る論議は各地域で活発に話し合われ、女性たちの意思は熱気をもって広がっていきました。選挙運動などには全く縁がない素人集団でしたので、実にコワイモノ知らずの勢いがありました。はじめての議員を送り出したあとは、学校給食における食品の安全性、公共施設での石けん使用、ゴミ問題、原発廃止への活動、リサイクル社会の構想、河川の浄化、学校教育における校則問題などどれも身近で切実な問題を私たちは代理人と一緒に議会や行政との折衝に奔走しました。そして、大勢の人たちをまき込んで運動につなげていこうと、必死になって地域を動き回りながらエネルギーを費やしました。これらは東京の各地域、神奈川、千葉、埼玉などにも広がり、野火が枯れ野に音をたてて燃え広がるような勢いだったように思います。

　社会運動を担う側の使命感、高揚感が強くあり、共感が共感を生んでいくような時代でもありました。

　時代の熱気にも後押しされた運動が全国にも広がっていきました。

　一九八七年、練馬で複数の代理人を擁立しようとの提案をした時に、最終的に私が立候補することになって、結果二期八年の議員生活を体験することになりました。

　実際に議会というところはまったくもって慣例や権威重視で形式的であり、現在に至るまでそれらを含め基本的には閉鎖的なことに変わりありませんし、今も続く議員の特権意識にも変化はありません。しかし、素人を交代で出し続けてきたことは議会の役割、議員のあるべき姿勢について少しずつ市民の身近な課題とも結びつきながら、政治を市民の側に近づけてきたことは確かです。

　三十五年前には生活の場の問題を議会で発言することへの大方の議員の拒否の姿勢を思うと隔世の感、大です。しかしこれらのことは、人間がひきおこしている、地球規模の環境破壊につながることですし、原発のない社会の構築にも予断を許さない状況で、生活の場の問題こそが政治としての課題であることは明白です。

　岩根はこうも言っています。

「女の人が生活クラブと関わらなければ、多くの場合、一生、市民としての自立的な活動や暮しの見直しなど考えないで生きたのではないかと思う。たぶん、ずっと単調な常識的人生を送った人が無数にいることだろう。代理人運動から地方議会の議員になった人だけとってみても、代理人（議員）総数は一四〇人を超えている。地域ネット総数一二〇数組織、ここに九千人の人々が集い活動している。そういう経験を普通の主婦がしたわけで、彼女たちにはそのことは人生の一大事件であったことだろう。生活クラブがあったので、女性たちのチャンスと活動の舞台経験が生まれた。社共両党などの左翼や新左翼の経験を反省した上で、市民社会の実質を変えていく経験を多くの女性たちが体験した。草の根保守主義への対抗勢力を生み出したこと、これは社会の仕組みが平場のところで変わっていく。人間が人間らしく生きられることを追求していくものとして大きな成果であると確信している。そのことを、この半世紀近い時間をかけて、ささやかなものながら、生活クラブがこの社会に生み出したことは間違いないと思っている。」（『生活クラブという生き方―社会運動を事業にする思想』岩根邦雄　二〇一二年）

さて、私の議員三年目の一九九〇年に三つ目の大きな出会いに遭遇します。

「答責」に遭遇

人権問題に関わっていた人が練馬に山田悦子さんを伴って練馬での小さな学習会に招かれて来ました。山田さんが、甲山事件の冤罪者であり、裁判を通して日本国家の本質が『無答責』であることにいきついたということをお話しされました。なぜ冤罪がなくならないのか。

日本という国を相対化したとき、日本の人権侵害や差別があり、日本社会がなぜそうなのかを考えたとき、アジアへの侵略の問題が見えてきた。日本がひき起こした戦争によるアジア侵略への反省がないまま戦後社会を築いてきたところに大きな原因がある。侵略の責任をとる政治的基盤があるかないかの政治は、冤罪を作り出す、出さない問題に深く関係してくる。侵略の責任と冤罪は切り離しては考えられない問題となった、と話されました。

この時期、日本ではアジアの国々への侵略戦争について、侵略を正当化する閣僚の発言がなされたり、侵略を美化する教科書が作られたりと、アジアの国々から猛反発が起こっていました。

地方議員になって三年の間、こうした国政における問題にも対応は迫られ、自らの立脚点を明確にしなければならないことが常にありましたので、山田さんの話を聴いていた私は国家の在り方に向き合う山田さんの本質的な、そして直截簡明に話されたことに本当に衝撃を受けました。

しばらくして山田さんから日韓シンポジウムを東京で開催することになったので、受付を手伝って欲しいとの連絡が入りました。

一九九一年八月三日~四日にかけ、東京学士会館において、「日本のアジア侵略責任　アジアから日本へ—責任を問う　日本からアジアへ—責任に答える」のテーマで、第一回日韓シンポジウムを答責会議は開催しました。

シンポジウム開催に至るまでの長い道程の中で山田さんは日本の侵略について勉強会を持ち、侵略を可能にし、戦後その責任を果たして来なかった日本の検証を進めていきました。

「敗戦によって日本国憲法がもたらされたが、日本国家のアイデンティティーとしての平和憲法について憲法学者の本を読み勉強をしはじめました。日本国憲法を知るために、大日本帝国憲法である明治憲法を読み、第三条『天皇ハ神聖ニシテ侵スヘカラス』に注目すると『これは天皇は法律上の責任を負わずと言う。……統治権の御行為に属する天皇の御為に就いては責任を問われることがないのである。』（藤井新一著『日本の固有法国有法と憲法』一九四一年）

と記されてありました。

戦後、日本国憲法となり『神聖不可侵』から『象徴』の地位に変化した天皇の責任については、『日本国憲法第三条の天皇の国務上の行為については、天皇が責任を負わせられることはないのである。これを天皇の無答責の地位という。……また個人責任については、日本国憲法は、何等の定めを設けていないのである』『日本国憲法は前憲法すなわち帝国憲法と精神的つながりにおいて存続するのである。換言せば、両者は法の連続性を具有して存するのである。このことは憲法内容の変化がいかに大きかろうと、否定することのできない客観的事実である。何故に、このごとき法の連続性を存せしめなければならなかったのであるか。それは、法はその時代その国の社会意義の現れでなければならないものであるから、わが国の社会

意義がその本質を変えない限り、法の連続性を失わしめることはできないからである。』（大石義雄著「憲法講義」一九六五年）

これをふまえてアジア侵略の責任について考えてみると、無答責の根拠に従って政治が行われるとき、その無答責政治のなかには本人の生活があり、憲法尊重の無答責精神が国民生活の基礎となっている日本の現状が見えてきます。

日本人が『日本国憲法は平和憲法だ、これを守ろう』と言えば言うほど、より深く無答責精神は根を降ろし、戦後半世紀近くにわたって侵略の責任を取る状況が生み出せなかった日本の根本原理を見つけます。

日本人の享受する憲法の精神が、アジア侵略の責任に対し無答責であるならば、私達は、その責任に応えていくために『無』を取り外し、その精神を答責にしなければならないと考え、こうして『答責』という言葉が生まれ、その言葉を人間の尊厳に思想化していくための行為の母体として、『答責会議』の設立がなされたのでした。」（『無答責と答責――戦後五〇年の日韓関係』寿岳章子・祖父江孝勇編　一九九五年）

二回目以降のシンポジウムは、責任に答えていくことを阻害している「日韓条約」について検討することにし、国家と国家を規定するものとしてある日韓条約の中身を明らかにしていくこととしました。その後、日本と韓国で併せて七回の日韓シンポジウムが開催されました。

一九九二年・第二回　「日韓基本条約について」（東京）

一九九三年・第三回　「日本の韓国侵略と韓日間の諸条約など」（ソウル）

一九九四年・第四回　「いま、改めて日韓条約を問う」（九州大学）

一九九六年・第五回　「日韓条約見直しの視点――真の友人になるために」（明治学院大学）

一九九七年・第六回　「韓日条約の当面課題と法的対応」（ソウル）

一九八八年・第七回　「歴史確認と日韓基本条約の見直しを」（国際基督教大学）

（『人間の尊厳と答責』日本答責会議編　二〇〇〇年）

その間、一九九五年には、日韓両国政府に対し、一九六五年に締結された日韓条約を廃棄し、両国民の尊厳確立のための新条約締結を求める声明が日本側、韓国側から出されました。

第一回目のシンポジウムの受け付けを気軽に引き受けた私は、その後答責会議の事務局の役割を担っていきました。

シンポジウムには毎回出席しましたが、十分に内容を認識できないことも多く、理解することの大変さを思い知りました。こんな有り様でよく事務局を引き受けてきたものです。七回のシンポジウムの後は、答責会議を牽引してくださった代表の寿岳章子、祖父江孝男、途中から加わった弓削達の諸先生方とのやりとり、そして法哲学者の金《キム》定　立《チョンリップ》氏との勉強会を続けることで少しずつ理解を深めていきました。

現在（二〇一七年）、無答責国家日本社会の劣化はますます深まっています。日本の社会現象は新聞やテレビなどで報道される様々な事象から、また日常生活を営む中での身近な事象からもそのことを実感するのは私ひとりだけの感慨ではないでしょう。

なぜここまで日本社会が崩落したのかを日々考えると、法治国家日本の根本的存立を規定する日本国憲法に行きつかざるを得ません。

私は答責の思想を考え続ける中で、時の政権を成立させるのは国民ひとりひとりである以上、依って立つべき法の精神、法の哲学は何によって成り立たねばならないのかを学び始めています。

今、第二次世界大戦後の世界で、ひたすら覇権主義に邁進してきたアメリカとそれに追随してきた日本の姿があります。一方、ファシズム、ナチズムの暴虐を引き起こした過去への深い反省をもって、基本法第一条に「人間の尊厳は不可侵である。これを尊重し、かつ、保護することは、すべての国家権力の義務である」と掲げ、現在、ヨーロッパをＥＵにまとめ、その中心の国として、国際社会を協調へ導く歩みを続けているドイツを私たちは見てきました。

人間がこの先、どのような方向を見据えていかなければならないか、一個人として国とどう向き合うか、世界政治の混迷が深まる中で、そのことが問われてきます。

最後に二二〇年前に世に出た哲学者カントの『永遠平和のために』は現在の私たちが置かれた政治状況の中で、多くの示唆を明示していますので紹介して終わります。

「隣り合った人々が平和に暮らしているのは、人間にとってじつは『自然な状態』ではない。戦争状態、つまり敵意がむき出しというのではないが、いつも敵意で脅かされているのが『自然な状態』である。だからこそ平和状態を根づかせなくてはならない。……中略……戦争を起こさせないための国家連合こそ、国家の自由とも一致する唯一の法的状態である。その状態にあってはじめて政治とモラルの一致が実現する。

人間愛と人間の権利への尊厳は、ともに人としての義務である。永遠平和は空虚な理念ではなく、われわれに課せられた使命である」（池内紀訳二〇〇七年）

これからも咎責の思想について思弁を深めながらの生活を続けたいと思っています。

きわめて個人的な親鸞思想と戦後七十年

玉光順正

一九四三年　兵庫・市川町で寺（真宗大谷派）に生まれる。
一九六六年　同志社大学法学部卒。
一九六七年　京都・大谷専修学院卒。七月光明寺住職。
一九七八年　急性肝炎を縁として、地元の朋と市川・親鸞塾を。最近は休んだり休んだりになっている。
二〇一八年五月　光明寺住職退任。

市川・親鸞塾等々を縁として、様々な人々との出会い、別れを続けることによって、きわめて個人的な親鸞を意識し続ける。そんな中で、あの山田さんが市川町におられるらしいと聞いて、それ以来時々、訪ねて行ったりしては、色々と刺激をもらって考えさせられている。

はじめに

まぢかに迫ってきた父の死と、私の住んでいた光明寺の今後、その他さまざまな思いの中で、初めて親鸞と出会ったのが五十年前、一九六六年の春だった。真宗大谷派の京都、岡崎にあった僧侶養成機関大谷専修学院だった。

たまたま寺で生まれた私であったが、それまで、親鸞はもちろん、仏教、宗教ということはほとんど考えず、もちろん学ぶこともなく、いやそれどころか、マルクスの「宗教は民衆にとってアヘンである」という言葉を深く考えることもなく、その通りだと考えていたのだった。もちろん今もこの言葉は大事な言葉だと考えている。

そんなわけで、指導の先生方とは言い争いばかりしていたような気がする。少し聞け出したのは一九六七年になってからだった。そのことはともあれ、私にとってはこの一年間はとても大きかった。

そこで私は、今後様々なことがあるだろうし、光明寺の住職になるならないは別にして、ともかくこれからは、「親鸞にこだわって生きていこう」という決断をいただいたのである。いい加減でしかないのだが、その後の私は、そのことによっていろんな人たちと、いろんな出来事と出会えたと思っている。

そんなことを、私自身が親鸞に出会って五十年という時間の中で考えてみようと思います。

毛沢東と文化大革命

ところで、私が大学へ入ったのは一九六二年、六〇年安保闘争のほとぼりもさめ、その後の全共闘運動との間の、いわば運動の端境期ともいえる頃だった。新入生歓迎講演会などというのが、自治会の主催であり、講師は田畑忍と末川博。もちろん何を聞いたのか忘れてしまったが、ただ今でも覚えていることが一つ、田畑忍の「五十年後は、中国の時代が来ます」という言葉。私は早速その足で地下の生協で毛沢東の『実践論・矛盾論』を買ったのだった。

今考えてみれば、おそらくそんなこともあってだろう、私が思いもかけず親鸞を学び始めたがゆえに、その頃から胎動し始めていた中国のプロレタリア文化大革命が気になりはじめたのである。

そんな中で出会った言葉、一九七三年だが、出版されたのはその前年、日中国交回復の年一九七二年。エドガー・スノー著『革命、そして革命……』その中に紹介されていた、「プロ文革についての決定」の最初のことば「いまくりひろげられているプロレタリア文化大革命は、人びとの魂にふれる大革命であり、わが国社会主義革命発展のより深く、より広い新段階である」である。

今、プロ文革を評価する人はほとんどいないといっていいかもしれないが、私は毛沢東の考えたことは間違っていないと思っている。残念ながら、毛沢東の周りには親鸞と善鸞との関係ではないがいい人がいなかったのと、そして何よりも最大の原因は、毛沢東は人間ではやれないことを急いでやろうとしたからだろう。

それでも、親鸞に学ぶ私は、永久革命、永続革命、永遠革命ともいわれていたプロ文革には、色々な意味で学ぶことがいっぱいあると考えている。革命を国是とする国家なんてすごいことだと思われます。余談ですが、私は一九七四年十一月、三一歳の誕生日を北京で迎えたのだった。

そんなこともあって、私は真宗大谷派教団の仕事は真宗文化革命、つまり真宗文化の創造だと考えている。当然それは「人びとの魂にふれる大革命」を通してしか成り立たないだろう。

勿論ここで使っている真宗とは、これからも再々「真宗」「浄土真宗」「浄土の真宗」という言葉を使用するが、それは親鸞がいうごとく、「真実の教」ということであって、いわゆる宗派としての浄土真宗をいうのではないし、また私たちが考えさせられてしまっている仏教、宗教の概念でもない。これは今の、宗派としての浄土真宗の現状から見れば想像もつかないことかもしれない。しかし、確かに親鸞はそのように言っている。

また、プロ文革の失敗もあって、今の中国をそのまま肯定するつもりは全くないが、田畑のいう中国の時代が来ていることはある意味で確かだと思える。

還相社会学

さて、真宗大谷派教団は、明治以降親鸞の「まったくおおせにてなきことをも、おおせと」して、また時にはその「おおせ」を曲解することによって、全面的に国策に迎合して、再々の戦争にその教えの名のもとに、門徒や僧侶を戦場に送り出し、侵略戦争に直接協力するという過ちをおかしたのみならず、沖縄をはじめ、アジア太平洋地域の人々にも多大な被害を与えてきた。

それは「皇道真宗」（一九四三年）という言葉が使われたように、「浄土真宗」といいながら、まったく浄土を喪失してしまったすがたに他ならない。戦後七十年の歩みの中で、それらのことがどうなっていったのだろうか。

一九四九年、真宗大谷派の教学者、曽我量深はおそらく自身の戦中のあやまち、苦悩、悲しみを通して語った。

親鸞教学は仏教社会学を意味して……世界中の人を驚かす時がくるにちがいない。これは還相社会学である。そんな学問が完成されるのは必ずしも遠いことではなかろう。

聖人が往相還相の廻向世界を初めて知って驚かれたのは流罪の時からである。還相の世界に同朋あり、これ浄土真宗の僧宝である。往相の世界はどこまでもただ個人。

往相還相は対面する。人に対しても自然に対しても対面する。自分に対するものは還相である。自分は往相であります。還相をはなれて往相だけ考えるが、又往相をはなれて還相を考えている。還相があって往相があると考えられるのであります。

還相廻向が現実になってきてこそ、仏法は興隆してくる。個人生活とは往相、還相は団体生活これなり。社会生活を還相世界という。今日の社会は還相―還相廻向ではじめて公生活がなりたつ。往相は個人生活、還相は社会生活。

浄土真宗は還相回向《げんそうえこう》の教団

私がこれらの言葉に出会ったのが「曽我量深説教随聞記」が出版された一九七七年。あれからもう四十年。まだ何もはっきりしていないがその時は、何故か自分の方向が決まったような気になったものだった。

仏教に縁がなかったら、いや縁があったとしても、これらの言葉は何のことかいなというものかもしれない。回向とは一般的には、「自ら修めた功徳を自らの悟りのために、または他者の利益のためにふりむけること」（広辞苑）といえるが、親鸞は曇鸞（中国・四七六〜五四二？）の『浄土論註』を通して『教行信証』のはじめに「謹んで浄土真宗を案ずるに、二種の廻向あり。一つには往相、二つには還相なり」と宣言して、親鸞の仏教はどこまでも関係性の仏教、つまり、解脱の仏教でなくて解放の仏教であって、個人的なすくいではないということを、往相・還相二種の回向として明らかにしたのである。

改めて考えてみると、曽我はそのことの意味を現代の表現として言い当てたのだった。ある思想を、自分でもなかなかできないのだが、現代の表現で言い当てることと言い換えることとは違う。言い当てなければ伝えられない。

毛沢東のプロ文革の理念にも大いに影響を受けていた私が、その頃から考え始めたのが、「運動としての親鸞」ということである。思想としての親鸞ということは、よく言われることだし、当然のことでもある。しかし親鸞が「ただ念仏して」という時、それは思想というよりも、運動といった方がいいだろう。

そしてそれこそが蓮如の時代から一向一揆を生み出し、教如の東本願寺の創立も成し遂げたのである。「親鸞思想の布教というのは運動だと思う」と語ったのは三國連太郎である。元々宗教は運動であったし、それを親鸞は、念仏として受けとめたのである。

釈尊以前の仏教

前述の曽我量深はその後、一九六二年自身の米寿記念講演で次のように言っている。

大乗仏教は、釈尊以前の仏教でしょう。阿弥陀の本願なんていうのは、釈尊以前の仏教だということを皆さんはよく聞いていていただきたい。こういうことが、聞思するということである。これが、「聞其名号信心歓喜」の意味である。釈尊がなければ、釈尊以前の仏教はありません。釈尊があって、仏道を行じ、成道された。成道をなされて、釈尊は、ご自身のさとりをお説きなされた。その釈尊の説法というものを聞くならば、釈尊以前の仏法とはどういうものであるか、ということを必ず思い出さなければならん。思い出すべきものであると思う。

ここでいう大乗仏教とは曽我にとっては言うまでもなく浄土真宗である。浄土真宗が「釈尊以前の仏教」だとは何のことか。私はそれを、浄土真宗はいわゆる仏教でもないし、宗教でもないといおうと思う。つまり、親鸞は「浄土真宗」という名乗りで、浄土真宗を仏教からも解放し、宗教からも解放したのである。イデオロギーからも解放したのである。解放は開放でもある。だからこそ親鸞は真実という言葉にこだわったのである。

運動としての親鸞

同時に曽我のこの発言を私は、一九四九年の発言「仏教社会学」「還相社会学」をより展開した表現だと考えている。それは「運動としての親鸞」という時の運動とは、念仏だといったが、そのことを言い当てている言葉だともいえるだろう。「釈尊以前の仏教」それは私たちが考えている宗教、仏教以前のものとしての浄土真宗とは何かということである。

私たちは今、日常的には政治、経済、科学、医学、教育、人権、芸術、メディア、等々、様々なものと関係しながら生きている。それらの全てに「浄土の真宗」が関わっているというのであろう。まさに真宗文化革命である。そしてそれが「浄土の真宗」である限り、他の宗教、思想などを排除するものではないし、同時に馴れ合うものでもないだろう。もちろんそんなことが可能かといわれれば、即座にウンとは言えないことは当然である。

親鸞のいう「浄土の真宗」を聞いても、語ってもしてこなかった今の私たちにその力は残念ながらないというしかない。しかし、その可能性は開いていかねばならない。私たちにできることで、やらなければならないことの最初は、真宗の門徒であって様々なジャンルの人々はとても多いし、またそうではなくても親鸞に関心をもち色々と考えてくださっている人もとても多い。そのような人々と、自分が変わりたい、そして世の中を変えたいという願いをもって謙虚に出会いつづけることだろうと考える。

なぜ「釈尊以前の仏教」が必要なのか。それは、人間のための（衆生のためのというべきかもしれないが）政治が、経済が、科学が、医学が、教育が、宗教が、様々なジャンルが逆転して、現代では再々人間を（衆生を）抑圧するものにさえなっていることがあるからである。

自灯明・法灯明

この世で自らを灯とし、自らを拠り所とし、他人を拠り所とせず、法を灯とし、法を拠り所とし、他のものを拠り所としないでいる人々がいるならば、どのような者でも、彼らはわが比丘として最高の地位にあるものである。

『大般涅槃経』

これは釈尊の遺言の一つである。亡くなられる前、常随の弟子の阿難の問い、「あなたが亡くなられた後、私たちは何を頼りに生きていけばいいのでしょうか」に対して答えられたのである。「自灯明・法灯明」の教えといわれる。ごく当たり前のことだともいえるが、今でもこのことはそう簡単なことではないと考えられる。

私は自灯明とは「自分で考える人間になる」こと、そして法灯明とは「そのためには法《おしえ》を学ぶ」ことと考えている。

自分で考える人間と自分で考えておるつもりの人間とは違う。自分で考える人間になるためには、学ぶことが必要なのである。学ぶためには、そこに願いと教えが必要ではないだろうか。いま私は、その願いと教えが語られる場所が本当に少なくなってしまっていると考えている。学ぶことは覚えることではない、自分で考える力をつけることである。いま世の中、ネット社会ももちろんだが、答えはいっぱいあふれている。そしてその答えを覚えて、自分で考えたつもりになっているのではないだろうか。なるほど、便利で効率的にもなっている。しかし私たちの感性、感覚はどんどん麻痺させられて行っているのではないだろうか。

願いとは何か。願とは「清浄意欲を以てその体と為すなり」（世親）といわれるが、清浄、きよらかという価値が現在という時代ほど落ちたことがいまだかつてあっただろうか。

清浄とは、チェ・ゲバラの「もしわれわれが空想家のようだといわれるならば、救いがたい理想主義者だといわれるならば、できもしないことを考えているといわれるならば、何千回でも答えよう、そのとおりだ」という言葉ともつながるだろうし、同様なこととして柄谷行人は、カントのいう統整的理念を「無限に遠いものであろうと、人がそれに近づこうと努めるような場合」とも表現している。

願いには、答えはない。しかし方向は確かなものとして与えられる、と言っていいだろうか。

蓮如はあの時代、自信と誇り（人権感覚）を獲得した、自分で考える人間を大量に生み出し全国に「浄土の真宗」を展開したのである。

親鸞・一人になることのできる宗教

ところで、教えを学びつづけることによって、自分で考えている人間には特徴がある。それは、「ひとりになることができる」ということであり、それは当然「ぶれない」ということともつながり、権力の側には立たない、立てないということでもある。

ちなみに、私は「非」という字に「ぶれない」とひらがなを当てている。

私はここ数年「みんなになるな　ひとりになれ」と言いつづけている。そのことを見事に言ってくれたのが、昨年安保法案に関する中央公聴会での奥田愛基の発言である。

どうか、どうか政治家の先生たちも、個人でいてください。政治家である前に、派閥に属する前に、グループに属する前に、たった一人の「個」であってください。自分の信じる正しさに向かい、勇気を持って孤独に思考し、判断し、行動してください。

（二〇一五・九・一五）

彼は、公聴会に出席していた、みんなになっている政治家にひとりになれと呼びかけた。しかし結果はご存知の通りである。

何故なのか。日本には、独特の「世間」というものがある。そのことを学として取り上げたのが阿部謹也さんである。

阿部はいう。

「世間」とは何かというと非常にはっきりしています。つまり個人がいないということです。「世間」は差別的で排他的な性格をもっている。仲間以外の者に対しては厳しいのである。

私たち、日本独特の「世間」では、上を見たりまわりを見たりして、ひとりになることができず、みんなになって、その誰もが思いもしないことでも、みんなでやってしまうことがある。その時、ひとりなっている人を「非国民」などといって攻撃したりしてきたのが「世間」である。今の社会の状況でもそのことは十分に考えられる。

沖縄や福島の状況がまさにそうである。七月の参院選でも人々の願いを表現して、現職の閣僚を落としたのが、沖縄と福島であった。にもかかわらず、日本という国家は「世間」というものにもとづいて、沖縄や福島を、日本、つまり「世間」にしようとしている。

歴史的にも、また敗戦後の米軍基地の存在等を通して、自分で考えようとする人々が多いと思われる沖縄では、現在与党の国会議員は選挙区選出では皆無である。にもかかわらず今も安倍政権は、沖縄以外の日本の「世間」を当てにして、辺野古への米軍基地の移転等を暴力的に進めている。日本の「世間」の反応は相変わらず冷たく、本土メディアもほとんど報道はしないという形で、その国家による暴力行為を肯定してしまっていると言わざるを得ない。今回の「辺野古訴訟」では、司法もまた「世間」となって沖縄の民意を拒否したといえるだろう。

国家と日本の「世間」とによる事実の隠蔽や曲解によって「避難指示解除」等々の政策は、確実に福島県民をはじめとする原発事故被害者周辺に心ならずもの分裂状況を生み出し、自分で考えようとし始めた多くの福島県民を、日本の「世間」

へ取り戻そうとしている。

沖縄を日本にし、福島は福島のままにする、日本の「世間」。このように沖縄と福島に対する、日本「世間」の反応は同じである。

同じように、オリンピックに夢中になって、郷土の選手を日の丸の鉢巻をして熱狂的に応援している、普通の人々の中にみられる日本における「世間」という桎梏は今も強いといえる。戦争中の提灯行列を思い出す人がいてもおかしくはない。

非僧非俗

ところで親鸞は、流罪に処せられて、その後「非僧非俗」を自分の立ち位置とした。「非僧」とは、朝廷つまり国家から僧の身分を否定されたということであり、「非俗」とは国家から与えられた良民（国民）の身分を拒否したということである。親鸞の「非僧非俗」の名乗りは国家から拒否され、その国家を逆に拒否した名乗りである。そのことによって親鸞は、「在日浄土人」となったということである。

親鸞は「浄土真宗」を名乗ったのだが、その時「浄土」とは、自己はもちろん国家をも含めて一切を相対化することのできる原理であり、「真宗」とはその根拠が「本願」、つまり全ての人々の中にある真実といえるだろう。

そのことによって、「ぶれない」ということが確保され、「権力の側には立たない、立てないということ」も確保できるだろう。つまり「浄土の真宗」は常に国家を問いつづける人々の集団であるということを意味する。

親鸞からのメッセージ

親鸞は、晩年個人的なエンディング・ノートならぬ、我々に対する様々なメッセージを書き残してくれている。その一つを紹介したい。

劫濁のときうつるには　有情ようやく身小なり
五濁悪邪まさるゆえ　毒蛇悪龍のごとくなり
（正像末和讃）

私はこれを次のように現代語に訳してみた。

人間が生きるということの新鮮さが失われてくると　人間はだんだん小さくなってしまう　生きるという感動を失った人間はすべてのものが白い闇に包まれてしまう　そして人間の生きること全体がお互いに自分自身を傷つけ他者を傷つけあってしまうことになっていく

この和讃だけではないが、八百年前親鸞は見事に二十一世紀の私たちを言い当てていることに驚く。

仏教は言うまでもなく、発展史観というような立場を取らない。五濁ということもそうだし、正像末史観ということもそうであるが、その中でどう生きるのかということを教えるのである。成長至上主義、アベノミクスなどというのは、まさに餓鬼道である。

親鸞も五濁（劫濁・見濁・煩悩濁・衆生濁・命濁）という言葉はよく使う。五濁の結果、人間が小さくなり、お互いが自他を傷つけあってしまうのである。命濁とは、衆生の寿命が次第に短くなることといわれる。高齢化社会といわれる今日、まさにそうである。時間的には長くなったようだが、内容的には全く短くなってしまった。何よりも「死んだら終わり」という現代人の持っている感覚がそれを証明している。人々（衆生）の様々な関係性が薄くなり喪失されることによって、生きることそのことの感動や意味を問うこともなくなり、当然、願い（清浄意欲）もわからなくなりつつあるのではないだろうか。それはエンディングノートに象徴される終活や、またテロリズムともつながるだろう。

親鸞はこんなことも言っている。

像末五濁の世となりて　釈迦の遺教かくれしむ
弥陀の悲願ひろまりて　念仏往生さかりなり

私の訳ではこんなことになる。

人間がこわれかけてしまったかの様な　今の時代　釈尊の教えは　多くの人々から　離れていくしかない　そこでは　宗教・仏教からも解放（開放）された　まだ誰もが充分　考え切れていない浄土の真宗が待たれている

今ここで「まだ誰もが充分　考え切れていない」と訳したが、そのことは、「浄土の真宗」は政治、経済、科学、医学、教育、人権、芸術、メディア、等々、様々なものと関わっていると前に述べたが、まだそのことが考えられていないということである。しかし、時代状況はもうそんなことばかり言ってはおられないところまで来ている。様々な人々が、それぞれの分野を超えて語り合い、学び合うことによって、それはお互いに自分の中にのみ真実があるのではないということの確認をすることによって得る、清らかな考察、そして表現をすることが必要である。私はそれを還相社会学という。

おわりに

還相社会学、そんなことを結果的には遺言の様になってしまったが提起して下さった方がいる。前述の阿部謹也さんの十年前の言葉である。少し長いが引用する。

本書（『近代化と世間』）を終えるにあたって「世間」の中での生き方について考えてみたい。私が二十年以上前からこの問題に関わってきたなかで、日本でもっとも深く「世間」の問題に関わった人物として親鸞を挙げなければならない。親鸞は一見したところ「世間」を俗世として位置づけているように見えながら、往生とは死ぬことを意味しているように見えながら、実はある種の理解に達することを意味している。したがって還相とは死後またこの世に帰ってきて、教えを説くということではなく、現世においてある種の理解に立って初めて教えを説く立場に立つことを意味していると思う。

ここで私はヨーロッパの十二世紀の哲学者サン・ヴィクトールのフーゴーのことを思い出さざるをえない。彼は『ディダスカリコン』のなかで故郷について次のように述べている。

「故郷が甘美だと思うものはいまだ脆弱な者にすぎない。どこに行っても故郷と同じだとおもうものはすでに力強い人である。しかし全世界が流謫の地であると思うものこそ完全な人である」

フーゴーはキリスト教徒であるから彼の答えはわかっている。私はこの答えを親鸞の中に見つけようとした。つまり「世間」以外に生きる場はない。しかし、ある一定の理解に達したものが何人か集まって流謫の地としての「世間」のなかでも、流謫の人として振る舞うことである。そして世界の危機を招いている近代科学に対して民衆の立場から抵抗し、新しい学問を打ち立てることである。

自己の変革なくして社会の変革などありえない。したがってまず自己の変革である。ついでアメリカの核武装の全面廃棄を求めることである。いうまでもなく親鸞の時代と現在は大きく異なっている。その違いのなかで信仰がどのような位置をもつのかは今の私には十分にはわかりかねている。しかし以上のような展望の下で本書を執筆したということは最後に述べておきたい。

ここで「信仰がどのような位置をもつものか」という言葉があるが、そのことに対しては、私に親鸞の思想のもつ力と魅力を届けて下さった真宗大谷派の教学者藤元正樹さんのこのような言葉がある。

およそ信仰が人間を変革し、時代を変革する力をもたなければ信心とよべないものであろうと思います。信心ともよべないし思想ともよべないものであろうと思います。思想をもって人を変え、思想をもって時代を変えるというときにはじめて思想のもつ力というものが親鸞によって大行という言葉で示されてくるわけであります。

阿部、藤元両先生とも七十代を越えてすぐに亡くなってしまわれた。お二人の先生から本当に大きな課題をいただいている。年齢だけは先生方を越えてしまった。

わかりにくい言い方かもしれないが、私は、これまでやってきたこと、やってこなかったことを含めて、後悔しかないといっていい。と同時に、これまで多くの人々と出会い、多くの事柄と出会ってきたことでは、本当によかったと思っている。

しかし、親鸞は「世にくせごとのおこりそうらいしかば、それにつけても、念仏をふかくたのみて、世のいのりにこころいれて、もうしあわせたまうべしとぞおぼえそうろう」という。

世の中、世界各地それぞれ事情も違うだろうが、この日本、その戦後七十年をまるまる生きてきて、私は色々なことがあったけど、考えてみれば五濁という言葉が表現しているように、結局は悪くなっていっているというしかない。自分でも、何かができるとは言えなくても一体何をしてきたのかというしかない、情けないことである。

だからこそと言っておこう、これからも一層、還相社会学という言葉と思想をもって人を変え、人といってもまず自分であるが、そして時代を変えるということにこだわっていこうと考えている。

（二〇一六・九・一九脱稿）

私の考える答責

関屋俊幸

軍事力で支えられる平和思想

韓国では二〇一六年十一月、朴政権のスキャンダルに抗議する集会、デモが繰り広げられ、百万人を超える市民が参加するなど盛り上がっている。大統領を選んだのも国民なら、不正を許さないと起ち上がるのも国民。どの国でも権力者というのは不正、隠蔽、利権にまみれてしまうもの。選んだから終わりというのではない。間違った政権なら行動を起こして糾していく。お隣の国は民主主義を健全に機能させようとする力があるようだ。

私たちの国、日本はどうなのか。安全保障関連法が成立し、戦争に参加できる国に近づいている。よほど鈍感であっても、昨今の急速な戦争体制への移行を見てそう思わない人は少ないだろう。ではどうして現状を変えようという声が広がり、その声が継続しないのか。

そこには「北朝鮮のミサイルが飛んでくるかもしれない」、「中国の挑発行為を黙ってみているのか」……近隣諸国との軋轢があり、不安に駆られて武器を持つことを是認し、事態の展開によっては武器使用もやむを得ないというホンネがあるからだと思う。また、仮に戦争参加ということになっても、まさか徴兵制ということにはならないだろう。行くのは自衛隊、つまり公務員の仕事で、自分が行かされることはあるまい……という、状況を他人事のようにみてしまう意識もそこに働いていると思う。口では「平和が一番」と言いつつ、「強い軍事力があってこその平和」と考える思想的下地が私たちの国、日本には確かにあると思う。

「敗戦」していなければ……

かつて日本は大韓帝国を植民地とし、ここを拠点として中国本土奥深くに侵入、ついにはアジア一帯を支配下に置こうとアジア太平洋戦争に突入していった。この侵略戦争が敗北した日、一九四五年八月十五日の意味について考えたいと思う。

【問A】もし「敗戦」していなければ？

一　中国侵略はどうなっていたか？　アジア侵略戦争は？
二　朝鮮の植民地支配はどうなっていたか？
三　「戦争はこりごり、平和が一番」という民衆、勢力が反乱を起こしたか？

歴史にＩＦを言っても仕方のないこと。わかってはいるが、現在の状況を考えるなら目を塞いではいられない。歴史のリアリティーを考えざるを得ないからだ。

当然のように成算のない戦争をする国はない。日本も同じだった。戦争（つまり侵略、支配）で得られる領土、資源、人間は日本にとって利益をもたらすと考えられていた。国内では国家総動員法が成立し、挙国一致で戦争遂行していく体制が確立されていた。ポツダム宣言にある「世界征服に乗り出す」日本の野望が頓挫してしまったのは、一にも二にも戦争に負けたことに尽きる。政府の号令は「一億火の玉」、「徹底抗戦」であった。

敗戦必至の状況になっても、ソ連などに和平工作を働きかけて大日本帝国の存続を図り、和平工作が「うまく」運べば中国、朝鮮からの部分撤退ですんでいた可能性もあった。日本は最後まで侵略、支配をやめるつもりはなかったということだ。そういう意味では軍事的に負けたのであって、侵略、支配の試み＝大東亜共栄圏、神の国建設の思想まで負けた訳ではなかったと言える。

戦後の日本はアメリカを中心とする連合国により、武装解除、主権の制限、戦争犯罪人の処罰が行われる一方で、財閥解体・農地改革など一連の民主化措置が進められた。冷戦の激化に伴い、戦争責任の追及と民主化措置は変質、変容していくことになるが、戦後はこの二つの要素が複雑に絡み合いながら国民の心理が形成されていった。日本が目指した世界は間違っていなかったという精神的には戦争を継続する考え方から、軍国主義ではない民主的な新生日本を作るという〝革新的、民主的〟な考え方まであらゆる考え方を包み込みながら日本の政治は動いていくことになった。

しかし「敗戦」していなければ、侵略で得た獲得物（戦利品といっても良い）はそのまま所有していたであろうというもう一つのリアリティーはすっぽり抜け落ちてしまうこととなった。アジアが恐れたのは日本が忘れ去ったリアリティー、つまり侵略の反省であったにもかかわらず……。

【問B】日本は敗戦したが、「なぜ」そして「なにに」負けたのか？

一　アメリカの強大な軍事力
二　日本の戦争指導者の失敗
三　中国、朝鮮、アジア周辺国の被支配人民の抵抗

太平洋戦争が日本と米英を中心とするアメリカ、ヨーロッパとの帝国主義国同士の争いであることは間違いない。米・英・仏といった国々もアジアを植民地にしていた。保守系の政治家たちがよく「植民地化されたアジアの国々を解放する戦争だった」と主張する所以だ。その戦争に負けたのは直接的には一と二によるものだが、私は負けざるを得ない理由があったと考えている。一と二の直接的敗因を下支えした三が決定的な敗因理由だと考えている。

日本は軍事力と経済と国際法などを使って他国に踏み入り、国家機構、国民・民族を統治下に置いて思いのままに振る舞った。そして抵抗する者に容赦のない弾圧と殺戮を実行していった。そんなことは欧米もやっていた。なぜ日本だけが悪いのか……。そういう問いはあまり意味があると思えない。他国の領土を奪い、人民を支配すること、そのこと自体にどのような理由があろうとも「正

義」はない。強者と同じように振舞えば許されるというのではないからだ。

戦後は朝鮮をはじめ、アジアの国々の多くが独立し、自分たちの政府を持った。これは決して日本の「善意」からではなく、もともと植民地支配を脱し、自分たちの国を作るという意思があったから独立したのだ。無数の抵抗者がいたからこそ、独立が成し得たのだと思う。「敗戦」は無数の抵抗者たちの思いが導いたのではないかと考えている。

このことは言葉を変えれば、抵抗する意思を持った人たちの手足を奪い、またある場合は褒美を与えて帰順させ、抵抗を無力化しようとした国家の営為が拒否されたということではないか。

人間の尊厳

二つの問いから見えてくるのは、他者の意思を踏みにじり、自らの野望を押し通すことの恐ろしさだ。言葉を変えれば人間の尊厳を侵し、国家の尊厳、民族の尊厳を侵すことの恐ろしさだ。ドイツは基本法（憲法）第1条に「人間の尊厳の不可侵」を置いた。ナチスドイツのユダヤ人虐殺、ヨーロッパ全土を戦場にした責任を反省したからだと言われる。ドイツは基本法に基づき数々の補償、賠償、取り組みを行ってきた。このことがドイツを再びヨーロッパで信頼を集め、EUの一員として指導力を発揮するまでに至っている。

私たちの国、日本はどうなのか。反省をもとに「人間の尊厳の不可侵」を措定して来たのか。「従軍慰安婦」、「強制連行」、朝鮮人被爆者……など数々の罪責に対して、許しを請うことがあっただろうか。国内で十分な教育が行われてきたのだろうか。国家を成立させる三要素として主権、領土、人民があげられるが、朝鮮「併合」とはそれら三つを全て奪った。主権を奪うとはどういうことなのか。領土を奪うとはどういうことなのか。人民を奪うとはどういうことなのか。あまりに恐ろしくて震えが止まらないほどだ。

「当時の生き証人がいないからわかりません」、「私はその時に生まれていなかったから関係ありません」では済まされない問題だ。なぜならこのことがアジアの中で日本が信頼されない最大の理由だからだ。

日本の政治のスタンスは「日本は補償している、謝罪もしている」。確かにフィリピン、インドネシア、韓国などアジア諸国とは戦後、二国間協定・条約で補償してきている。しかし日本は経済援助という位置づけだった。日本経済の復興に役立つ経済投資という性格を持っていた。日本は「賠償」ではなく「補償」という文言にこだわる。「賠償」には責任という概念があるから頑として認めなかった。謝罪も国会決議、内閣談話などで何度もしてきているが、法で責任を取ろうとはしてこなかった。日本という国はこれほどまでに無答責であり続けることにこだわってきたのだ。

人間の尊厳を奪ったことに対して、ドイツは答責で呼応したと考えられる。日本は「金を払えば責任は終わり」、「人間の尊厳は時と場合に応じて切り売りすることができる」と考えてきたのではなかったか。無答責を反省しない限り、責任に応えたということにはならないと思う。

日韓基本条約に見る無答責

無答責の代表的な条約に一九六五年締結の日韓基本条約がある。

この条約の特徴、性質を端的に表しているのが「一九一〇年八月二十二日以前に日本と大韓帝国の間で結ばれた条約等はすべて『もはや無効である』ことが確認される」（第二条）である。

一九一〇年八月二十二日以前に日本と大韓帝国の間で結ばれた条約とは一八七六年の江華島条約にはじまり一九一〇年の日韓併合条約に至るまでの、日本が大韓帝国の政治、経済、軍事的支配を強化してきた協定、条約等（注1）のことだが、日本は「もはや」という用語で無答責を貫いた。「もはや無効」であるが、「いつから、なぜ、無効なのか」を条文で明示しない。責任を認めたくなかったからである。むしろ「条約は双方の自由な意思で結ばれた」、「植民地支配が韓国の近代化を助けた」などの考え方が日本では主流だった。

日韓基本条約締結にあたっては韓国でも日本でも激しい反対運動が繰り広げられた。しかし二つの国の民衆の意思は全く違うものだった。

韓国では「（条約は）当初から無効」と説明した軍事政権に対し、市民、学生らは「日本は国家を奪い、人民を弾圧、虐殺した法的責任を認めていない」、「理由のない金を受け取る売国奴政権だ」と反発したのに対し、日本では条約が分断国家である朝鮮の一方とだけ結ぶもので、「南北の対立を激化させ、戦争に巻き込まれる恐れが高まる」というものだった。日韓にある溝は政権指導者だけではなかったということだ。

日韓の溝は深い。韓国を「併合」するに至るまでに、韓国を縛ってきた数々の条約が「当初から合法」だったとする日本。「当初から無効」だとする韓国。国際法学者、歴史学者たちがさんざん議論して来た問題だが、それにしても国家を奪い、他国の人民を支配、弾圧、懐柔して日本に従わせようとした行為を「合法だ」とする学問とはいったい何なのだろう。

一九九五年、当時の村山（富市）首相が国会答弁の中で、日韓「併合」について「当時の国際関係等の歴史的事情の中で法的に有効に締結され、実施されたと認識している」と述べ、韓国側からの抗議に「対等、平等な立場で結ばれた条約ではない」としたものの「合法」とする見解を変えなかった。村山元首相は日本の侵略が多くの被害を与えたことに「責任を感じる」と表明し、「植民地支配と侵略によって、多くの国々、とりわけアジア諸国の人々に対して多大の損害と苦痛を与えました」とする「村山談話」はことあるごとに今も取り上げられるが、「良心的」と言われる元首相でも「合法」という見解を変えられないのが日本だ。

殴って死に追いやっても「悪かった。でも、当時は合法だった」と言っているようなものではないか。広島、長崎の原爆投下をアメリカが「気の毒だったが、原爆投下は合法だった」と言うのを日本が非難できる訳がない。

（注1）日本と朝鮮、大韓帝国との間で結ばれた主な

条約
一八七六年　日韓修好条規
一八九四年　日韓両国盟約
一九〇四年　日韓議定書、
一九〇四年　第一次日韓協約（財務、外交顧問をおく）
一九〇五年　第二次日韓協約（外交権の簒奪）
一九〇七年　第三次日韓協約（日本人官吏の登用など内政権の簒奪）
一九一〇年　日韓併合条約（国を簒奪）

答責する国、国民に……

答責会議の代表をつとめた寿岳章子さんは「辞書に無答責はあるが、答責はない。普通、『無』はつかない語を否定しているのだから載っていないのは不思議だ」とおっしゃっていたが、その通りだ。答責という概念そのものが日本には存在していないのだと思う。

答責とは「責任があるかないか」ではなく、「責任を取ろう」という実践的な課題だと思っている。明治憲法で天皇の無答責と規定され、最高権力者の天皇に責任はないと定められた。責任がないという根拠は天皇が「万世一系の神」であり、その存在は「神聖にして侵すべからず」だったからだ。

戦後、天皇は人間宣言を行い、神の座から下りた。しかし国家無答責は日本帝国から引き継がれ、いまや国民無答責になっているのではないか。

無答責の代表的な国家にアメリカがある。この世界最強の無答責の国に寄り添い、ある時は機嫌を取りながら突き進んでいるのが日本なのではないか。外交、政治、経済はすべて自国の「利益」のためにある。これでは国際社会の大きな火種になるのは間違いない。新たな抵抗者を生んで、世界はさらに混乱していくだろう。

東京で開かれた第七回の答責シンポジウム（一九九八年）で答責会議は責任を取る第一歩として、新たな日韓条約の締結を訴えた。

新条約に盛り込まれるべき内容として、

［前文］
・明治以降、日本が侵略、植民地支配してきた事実に対し、まず日本の答責を宣言する
・侵略、植民地支配により、国家を簒奪し、その構成体である人たちの自由と尊厳を奪ってきたことが罪であり、この事に対し日本の「責任」を明記し、「謝罪」、「補償」、「賠償」を表明する
［法的な根拠］
・過去に大韓帝国と日本帝国との間で結ばれた条約、協定（一八七六年「江華島条約」から一九一〇年「日韓併合条約」に至るまで）が違法であったと明記する
・それらの条約、協定が第一に詐欺と暴力で結ばれたものであり、第二に他国の領土を我が物にするという帝国主義の思想＝侵略の思想であったことを明記する
・以上の観点を踏まえ、日本の答責が法として確認されなければならない

これに従って、
・植民地支配の経済、産業、労働、文化、生活に至るまでの罪責カタログについて、日本の責任で被害を調査、賠償する。
・日本が行った侵略について、学校教育・社会教育を行う……

九八年に発表したものだが、状況は現在も変わっていない。

安倍政権は二〇一六年十一月、南スーダンでのＰＫＯ（国連平和維持活動）で銃などの武器を携帯させ、使用も可能とする駆け付け警護の実施計画を発表した。無答責の国家が再び、武力で「平和維持活動」を行うと、今後、どういうことになるのか。

ある本を読んでいたら、こんな例え話があった。「泥棒村の法律では泥棒が正義でありかつ美徳とされ、盗まないのは悪であり違法となる……」。

この例え話を現代日本に当てはめれば、戦争参

加に賛意を示すことが正義であり、美徳となる。
そして戦争に反対する者は悪であり、違法となる。
答責は今も続く重要な課題だと考える。

資料編

日本国憲法全文

日本国憲法（昭和二十二年五月三日施行）

日本国民は、正当に選挙された国会における代表者を通じて行動し、われらとわれらの子孫のために、諸国民との協和による成果と、わが国全土にわたつて自由のもたらす恵沢を確保し、政府の行為によつて再び戦争の惨禍が起ることのないやうにすることを決意し、ここに主権が国民に存することを宣言し、この憲法を確定する。そもそも国政は、国民の厳粛な信託によるものであつて、その権威は国民に由来し、その権力は国民の代表者がこれを行使し、その福利は国民がこれを享受する。これは人類普遍の原理であり、この憲法は、かかる原理に基くものである。われらは、これに反する一切の憲法、法令及び詔勅を排除する。

日本国民は、恒久の平和を念願し、人間相互の関係を支配する崇高な理想を深く自覚するのであつて、平和を愛する諸国民の公正と信義に信頼して、われらの安全と生存を保持しようと決意した。われらは、平和を維持し、専制と隷従、圧迫と偏狭を地上から永遠に除去しようと努めてゐる国際社会において、名誉ある地位を占めたいと思ふ。われらは、全世界の国民が、ひとしく恐怖と欠乏から免かれ、平和のうちに生存する権利を有することを確認する。

われらは、いづれの国家も、自国のことのみに専念して他国を無視してはならないのであつて、政治道徳の法則は、普遍的なものであり、この法則に従ふことは、自国の主権を維持し、他国と対等関係に立たうとする各国の責務であると信ずる。

日本国民は、国家の名誉にかけ、全力をあげてこの崇高な理想と目的を達成することを誓ふ。

第一章　天皇

第一条　天皇は、日本国の象徴であり日本国民統合の象徴であつて、この地位は、主権の存する日本国民の総意に基く。
第二条　皇位は、世襲のものであつて、国会の議決した皇室典範の定めるところにより、これを継承する。
第三条　天皇の国事に関するすべての行為には、内閣の助言と承認を必要とし、内閣が、その責任を負ふ。
第四条　天皇は、この憲法の定める国事に関する行為のみを行ひ、国政に関する権能を有しない。
　2　天皇は、法律の定めるところにより、その国事に関する行為を委任することができる。
第五条　皇室典範の定めるところにより摂政を置くときは、摂政は、天皇の名でその国事に関する行為を行ふ。この場合には、前条第一項の規定を準用する。
第六条　天皇は、国会の指名に基いて、内閣総理大臣を任命する。
　2　天皇は、内閣の指名に基いて、最高裁判所の長たる裁判官を任命する。
第七条　天皇は、内閣の助言と承認により、国民のために、左の国事に関する行為を行ふ。
一　憲法改正、法律、政令及び条約を公布すること。
二　国会を召集すること。
三　衆議院を解散すること。
四　国会議員の総選挙の施行を公示すること。
五　国務大臣及び法律の定めるその他の官吏の任免並びに全権委任状及び大使及び公使の信任状を認証すること。
六　大赦、特赦、減刑、刑の執行の免除及び復権を認証すること。

七　栄典を授与すること。
八　批准書及び法律の定めるその他の外交文書を認証すること。
九　外国の大使及び公使を接受すること。
十　儀式を行ふこと。
第八条　皇室に財産を譲り渡し、又は皇室が、財産を譲り受け、若しくは賜与することは、国会の議決に基かなければならない。

第二章　戦争の放棄

第九条　日本国民は、正義と秩序を基調とする国際平和を誠実に希求し、国権の発動たる戦争と、武力による威嚇又は武力の行使は、国際紛争を解決する手段としては、永久にこれを放棄する。
２　前項の目的を達するため、陸海空軍その他の戦力は、これを保持しない。国の交戦権は、これを認めない。

第三章　国民の権利及び義務

第十条　日本国民たる要件は、法律でこれを定める。
第十一条　国民は、すべての基本的人権の享有を妨げられない。この憲法が国民に保障する基本的人権は、侵すことのできない永久の権利として、現在及び将来の国民に与へられる。
第十二条　この憲法が国民に保障する自由及び権利は、国民の不断の努力によつて、これを保持しなければならない。又、国民は、これを濫用してはならないのであつて、常に公共の福祉のためにこれを利用する責任を負ふ。

第十三条　すべて国民は、個人として尊重される。生命、自由及び幸福追求に対する国民の権利については、公共の福祉に反しない限り、立法その他の国政の上で、最大の尊重を必要とする。

第十四条　すべて国民は、法の下に平等であつて、人種、信条、性別、社会的身分又は門地により、政治的、経済的又は社会的関係において、差別されない。

2　華族その他の貴族の制度は、これを認めない。

3　栄誉、勲章その他の栄典の授与は、いかなる特権も伴はない。栄典の授与は、現にこれを有し、又は将来これを受ける者の一代に限り、その効力を有する。

第十五条　公務員を選定し、及びこれを罷免することは、国民固有の権利である。

2　すべて公務員は、全体の奉仕者であつて、一部の奉仕者ではない。

3　公務員の選挙については、成年者による普通選挙を保障する。

4　すべて選挙における投票の秘密は、これを侵してはならない。選挙人は、その選択に関し公的にも私的にも責任を問はれない。

第十六条　何人も、損害の救済、公務員の罷免、法律、命令又は規則の制定、廃止又は改正その他の事項に関し、平穏に請願する権利を有し、何人も、かかる請願をしたためにいかなる差別待遇も受けない。

第十七条　何人も、公務員の不法行為により、損害を受けたときは、法律の定めるところにより、国又は公共団体に、その賠償を求めることができる。

第十八条　何人も、いかなる奴隷的拘束も受けない。又、犯罪に因る処罰の場合を除いては、その意に反する苦役に服させられない。

第十九条　思想及び良心の自由は、これを侵してはならない。

第二十条　信教の自由は、何人に対してもこれを保障する。いかなる宗教団体も、国から特権を受け、又は政治上の権力を行使してはならない。

2　何人も、宗教上の行為、祝典、儀式又は行事に参加することを強制されない。
3　国及びその機関は、宗教教育その他いかなる宗教的活動もしてはならない。
第二十一条　集会、結社及び言論、出版その他一切の表現の自由は、これを保障する。
2　検閲は、これをしてはならない。通信の秘密は、これを侵してはならない。
第二十二条　何人も、公共の福祉に反しない限り、居住、移転及び職業選択の自由を有する。
2　何人も、外国に移住し、又は国籍を離脱する自由を侵されない。
第二十三条　学問の自由は、これを保障する。
第二十四条　婚姻は、両性の合意のみに基いて成立し、夫婦が同等の権利を有することを基本として、相互の協力により、維持されなければならない。
2　配偶者の選択、財産権、相続、住居の選定、離婚並びに婚姻及び家族に関するその他の事項に関しては、法律は、個人の尊厳と両性の本質的平等に立脚して、制定されなければならない。
第二十五条　すべて国民は、健康で文化的な最低限度の生活を営む権利を有する。
2　国は、すべての生活部面について、社会福祉、社会保障及び公衆衛生の向上及び増進に努めなければならない。
第二十六条　すべて国民は、法律の定めるところにより、その能力に応じて、ひとしく教育を受ける権利を有する。
2　すべて国民は、法律の定めるところにより、その保護する子女に普通教育を受けさせる義務を負ふ。義務教育は、これを無償とする。
第二十七条　すべて国民は、勤労の権利を有し、義務を負ふ。
2　賃金、就業時間、休息その他の勤労条件に関する基準は、法律でこれを定める。
3　児童は、これを酷使してはならない。

第二十八条　勤労者の団結する権利及び団体交渉その他の団体行動をする権利は、これを保障する。

第二十九条　財産権は、これを侵してはならない。

２　財産権の内容は、公共の福祉に適合するやうに、法律でこれを定める。

３　私有財産は、正当な補償の下に、これを公共のために用ひることができる。

第三十条　国民は、法律の定めるところにより、納税の義務を負ふ。

第三十一条　何人も、法律の定める手続によらなければ、その生命若しくは自由を奪はれ、又はその他の刑罰を科せられない。

第三十二条　何人も、裁判所において裁判を受ける権利を奪はれない。

第三十三条　何人も、現行犯として逮捕される場合を除いては、権限を有する司法官憲が発し、且つ理由となつてゐる犯罪を明示する令状によらなければ、逮捕されない。

第三十四条　何人も、理由を直ちに告げられ、且つ、直ちに弁護人に依頼する権利を与へられなければ、抑留又は拘禁されない。又、何人も、正当な理由がなければ、拘禁されず、要求があれば、その理由は、直ちに本人及びその弁護人の出席する公開の法廷で示されなければならない。

第三十五条　何人も、その住居、書類及び所持品について、侵入、捜索及び押収を受けることのない権利は、第三十三条の場合を除いては、正当な理由に基いて発せられ、且つ捜索する場所及び押収する物を明示する令状がなければ、侵されない。

２　捜索又は押収は、権限を有する司法官憲が発する各別の令状により、これを行ふ。

第三十六条　公務員による拷問及び残虐な刑罰は、絶対にこれを禁ずる。

第三十七条　すべて刑事事件においては、被告人は、公平な裁判所の迅速な公開裁判を受ける権利を有する。

２　刑事被告人は、すべての証人に対して審問する機会を充分に与へられ、又、公費で自己のために強制的手続により証人を求める権利を有する。

３　刑事被告人は、いかなる場合にも、資格を有する弁護人を依頼することができる。被告人が自らこれを依頼することができないときは、国でこれを附する。
第三十八条　何人も、自己に不利益な供述を強要されない。
２　強制、拷問若しくは脅迫による自白又は不当に長く抑留若しくは拘禁された後の自白は、これを証拠とすることができない。
３　何人も、自己に不利益な唯一の証拠が本人の自白である場合には、有罪とされ、又は刑罰を科せられない。
第三十九条　何人も、実行の時に適法であつた行為又は既に無罪とされた行為については、刑事上の責任を問はれない。又、同一の犯罪について、重ねて刑事上の責任を問はれない。
第四十条　何人も、抑留又は拘禁された後、無罪の裁判を受けたときは、法律の定めるところにより、国にその補償を求めることができる。

第四章　国　会

第四十一条　国会は、国権の最高機関であつて、国の唯一の立法機関である。
第四十二条　国会は、衆議院及び参議院の両議院でこれを構成する。
第四十三条　両議院は、全国民を代表する選挙された議員でこれを組織する。
２　両議院の議員の定数は、法律でこれを定める。
第四十四条　両議院の議員及びその選挙人の資格は、法律でこれを定める。但し、人種、信条、性別、社会的身分、門地、教育、財産又は収入によつて差別してはならない。
第四十五条　衆議院議員の任期は、四年とする。但し、衆議院解散の場合には、その期間満了前に終了する。

第四十六条　参議院議員の任期は、六年とし、三年ごとに議員の半数を改選する。
第四十七条　選挙区、投票の方法その他両議院の議員の選挙に関する事項は、法律でこれを定める。
第四十八条　何人も、同時に両議院の議員たることはできない。
第四十九条　両議院の議員は、法律の定めるところにより、国庫から相当額の歳費を受ける。
第五十条　両議院の議員は、法律の定める場合を除いては、国会の会期中逮捕されず、会期前に逮捕された議員は、その議院の要求があれば、会期中これを釈放しなければならない。
第五十一条　両議院の議員は、議院で行つた演説、討論又は表決について、院外で責任を問はれない。
第五十二条　国会の常会は、毎年一回これを召集する。
第五十三条　内閣は、国会の臨時会の召集を決定することができる。いづれかの議院の総議員の四分の一以上の要求があれば、内閣は、その召集を決定しなければならない。
第五十四条　衆議院が解散されたときは、解散の日から四十日以内に、衆議院議員の総選挙を行ひ、その選挙の日から三十日以内に、国会を召集しなければならない。
　２　衆議院が解散されたときは、参議院は、同時に閉会となる。但し、内閣は、国に緊急の必要があるときは、参議院の緊急集会を求めることができる。
　３　前項但書の緊急集会において採られた措置は、臨時のものであつて、次の国会開会の後十日以内に、衆議院の同意がない場合には、その効力を失ふ。
第五十五条　両議院は、各々その議員の資格に関する争訟を裁判する。但し、議員の議席を失はせるには、出席議員の三分の二以上の多数による議決を必要とする。
第五十六条　両議院は、各々その総議員の三分の一以上の出席がなければ、議事を開き議決することができない。
　２　両議院の議事は、この憲法に特別の定のある場合を除いては、出席議員の過半数でこれを決し、可否同数のときは、議長の決するところによる。

第五十七条　両議院の会議は、公開とする。但し、出席議員の三分の二以上の多数で議決したときは、秘密会を開くことができる。

２　両議院は、各々その会議の記録を保存し、秘密会の記録の中で特に秘密を要すると認められるもの以外は、これを公表し、且つ一般に頒布しなければならない。

３　出席議員の五分の一以上の要求があれば、各議員の表決は、これを会議録に記載しなければならない。

第五十八条　両議院は、各々その議長その他の役員を選任する。

２　両議院は、各々その会議その他の手続及び内部の規律に関する規則を定め、又、院内の秩序をみだした議員を懲罰することができる。但し、議員を除名するには、出席議員の三分の二以上の多数による議決を必要とする。

第五十九条　法律案は、この憲法に特別の定のある場合を除いては、両議院で可決したとき法律となる。

２　衆議院で可決し、参議院でこれと異なつた議決をした法律案は、衆議院で出席議員の三分の二以上の多数で再び可決したときは、法律となる。

３　前項の規定は、法律の定めるところにより、衆議院が、両議院の協議会を開くことを求めることを妨げない。

４　参議院が、衆議院の可決した法律案を受け取つた後、国会休会中の期間を除いて六十日以内に、議決しないときは、衆議院は、参議院がその法律案を否決したものとみなすことができる。

第六十条　予算は、さきに衆議院に提出しなければならない。

２　予算について、参議院で衆議院と異なつた議決をした場合に、法律の定めるところにより、両議院の協議会を開いても意見が一致しないとき、又は参議院が、衆議院の可決した予算を受け取つた後、国会休会中の期間を除いて三十日以内に、議決しないときは、衆議院の議決を国会の議決とする。

第六十一条　条約の締結に必要な国会の承認については、前条第二項の規定を準用する。

第六十二条　両議院は、各々国政に関する調査を行ひ、これに関して、証人の出頭及び証言並びに記録の提出を要求することができる。
第六十三条　内閣総理大臣その他の国務大臣は、両議院の一に議席を有すると有しないとにかかはらず、何時でも議案について発言するため議院に出席することができる。又、答弁又は説明のため出席を求められたときは、出席しなければならない。
第六十四条　国会は、罷免の訴追を受けた裁判官を裁判するため、両議院の議員で組織する弾劾裁判所を設ける。
　2　弾劾に関する事項は、法律でこれを定める。

第五章　内　閣

第六十五条　行政権は、内閣に属する。
第六十六条　内閣は、法律の定めるところにより、その首長たる内閣総理大臣及びその他の国務大臣でこれを組織する。
　2　内閣総理大臣その他の国務大臣は、文民でなければならない。
　3　内閣は、行政権の行使について、国会に対し連帯して責任を負ふ。
第六十七条　内閣総理大臣は、国会議員の中から国会の議決で、これを指名する。この指名は、他のすべての案件に先だつて、これを行ふ。
　2　衆議院と参議院とが異なつた指名の議決をした場合に、法律の定めるところにより、両議院の協議会を開いても意見が一致しないとき、又は衆議院が指名の議決をした後、国会休会中の期間を除いて十日以内に、参議院が、指名の議決をしないときは、衆議院の議決を国会の議決とする。
第六十八条　内閣総理大臣は、国務大臣を任命する。但し、その過半数は、国会議員の中から選ばれなければならない。
２　内閣総理大臣は、任意に国務大臣を罷免することができる。
第六十九条　内閣は、衆議院で不信任の決議案を可決し、又は信任の決議案を否決したときは、十日以内に衆議院が解散されない限り、総辞職をしなければならない。
第七十条　内閣総理大臣が欠けたとき、又は衆議院議員総選挙の後に初めて国会の召集があつたときは、内閣は、総辞職をしなければならない。
第七十一条　前二条の場合には、内閣は、あらたに内閣総理大臣が任命されるまで引き続きその職務を行ふ。
第七十二条　内閣総理大臣は、内閣を代表して議案を国会に提出し、一般国務及び外交関係について国会に報告し、並びに行政各部を指揮監督する。
第七十三条　内閣は、他の一般行政事務の外、左の事務を行ふ。
一　法律を誠実に執行し、国務を総理すること。
二　外交関係を処理すること。
三　条約を締結すること。但し、事前に、時宜によつては事後に、国会の承認を経ることを必要とする。
四　法律の定める基準に従ひ、官吏に関する事務を掌理すること。
五　予算を作成して国会に提出すること。
六　この憲法及び法律の規定を実施するために、政令を制定すること。但し、政令には、特にその法律の委任がある場合を除いては、罰則を設けることができない。
七　大赦、特赦、減刑、刑の執行の免除及び復権を決定すること。
第七十四条　法律及び政令には、すべて主任の国務大臣が署名し、内閣総理大臣が連署することを必要とする。
第七十五条　国務大臣は、その在任中、内閣総理大臣の同意がなければ、訴追されない。但し、これがため、訴追の権利は、害されない。

第六章　司　法

第七十六条　すべて司法権は、最高裁判所及び法律の定めるところにより設置する下級裁判所に属する。
2　特別裁判所は、これを設置することができない。行政機関は、終審として裁判を行ふことができない。
3　すべて裁判官は、その良心に従ひ独立してその職権を行ひ、この憲法及び法律にのみ拘束される。
第七十七条　最高裁判所は、訴訟に関する手続、弁護士、裁判所の内部規律及び司法事務処理に関する事項について、規則を定める権限を有する。
2　検察官は、最高裁判所の定める規則に従はなければならない。
3　最高裁判所は、下級裁判所に関する規則を定める権限を、下級裁判所に委任することができる。
第七十八条　裁判官は、裁判により、心身の故障のために職務を執ることができないと決定された場合を除いては、公の弾劾によらなければ罷免されない。裁判官の懲戒処分は、行政機関がこれを行ふことはできない。
第七十九条　最高裁判所は、その長たる裁判官及び法律の定める員数のその他の裁判官でこれを構成し、その長たる裁判官以外の裁判官は、内閣でこれを任命する。
2　最高裁判所の裁判官の任命は、その任命後初めて行はれる衆議院議員総選挙の際国民の審査に付し、その後十年を経過した後初めて行はれる衆議院議員総選挙の際更に審査に付し、その後も同様とする。
3　前項の場合において、投票者の多数が裁判官の罷免を可とするときは、その裁判官は、罷免される。
4　審査に関する事項は、法律でこれを定める。
5　最高裁判所の裁判官は、法律の定める年齢に達した時に退官する。
6　最高裁判所の裁判官は、すべて定期に相当額の報酬を受ける。この報酬は、在任中、これを減額することができない。

第八十条　下級裁判所の裁判官は、最高裁判所の指名した者の名簿によつて、内閣でこれを任命する。その裁判官は、任期を十年とし、再任されることができる。但し、法律の定める年齢に達した時には退官する。
２　下級裁判所の裁判官は、すべて定期に相当額の報酬を受ける。この報酬は、在任中、これを減額することができない。
第八十一条　最高裁判所は、一切の法律、命令、規則又は処分が憲法に適合するかしないかを決定する権限を有する終審裁判所である。
第八十二条　裁判の対審及び判決は、公開法廷でこれを行ふ。
２　裁判所が、裁判官の全員一致で、公の秩序又は善良の風俗を害する虞があると決した場合には、対審は、公開しないでこれを行ふことができる。但し、政治犯罪、出版に関する犯罪又はこの憲法第三章で保障する国民の権利が問題となつてゐる事件の対審は、常にこれを公開しなければならない。

第七章　財　政

第八十三条　国の財政を処理する権限は、国会の議決に基いて、これを行使しなければならない。
第八十四条　あらたに租税を課し、又は現行の租税を変更するには、法律又は法律の定める条件によることを必要とする。
第八十五条　国費を支出し、又は国が債務を負担するには、国会の議決に基くことを必要とする。
第八十六条　内閣は、毎会計年度の予算を作成し、国会に提出して、その審議を受け議決を経なければならない。
第八十七条　予見し難い予算の不足に充てるため、国会の議決に基いて予備費を設け、内閣の責任でこれを支出することができる。
２　すべて予備費の支出については、内閣は、事後に国会の承諾を得なければならない。

第八十八条　すべて皇室財産は、国に属する。すべて皇室の費用は、予算に計上して国会の議決を経なければならない。
第八十九条　公金その他の公の財産は、宗教上の組織若しくは団体の使用、便益若しくは維持のため、又は公の支配に属しない慈善、教育若しくは博愛の事業に対し、これを支出し、又はその利用に供してはならない。
第九十条　国の収入支出の決算は、すべて毎年会計検査院がこれを検査し、内閣は、次の年度に、その検査報告とともに、これを国会に提出しなければならない。
２　会計検査院の組織及び権限は、法律でこれを定める。
第九十一条　内閣は、国会及び国民に対し、定期に、少くとも毎年一回、国の財政状況について報告しなければならない。

第八章　地方自治

第九十二条　地方公共団体の組織及び運営に関する事項は、地方自治の本旨に基いて、法律でこれを定める。
第九十三条　地方公共団体には、法律の定めるところにより、その議事機関として議会を設置する。
２　地方公共団体の長、その議会の議員及び法律の定めるその他の吏員は、その地方公共団体の住民が、直接これを選挙する。
第九十四条　地方公共団体は、その財産を管理し、事務を処理し、及び行政を執行する権能を有し、法律の範囲内で条例を制定することができる。
第九十五条　一の地方公共団体のみに適用される特別法は、法律の定めるところにより、その地方公共団体の住民の投票においてその過半数の同意を得なければ、国会は、これを制定することができない。

第九章　改　正

第九十六条　この憲法の改正は、各議院の総議員の三分の二以上の賛成で、国会が、これを発議し、国民に提案してその承認を経なければならない。この承認には、特別の国民投票又は国会の定める選挙の際行はれる投票において、その過半数の賛成を必要とする。

２　憲法改正について前項の承認を経たときは、天皇は、国民の名で、この憲法と一体を成すものとして、直ちにこれを公布する。

第十章　最高法規

第九十七条　この憲法が日本国民に保障する基本的人権は、人類の多年にわたる自由獲得の努力の成果であつて、これらの権利は、過去幾多の試錬に堪へ、現在及び将来の国民に対し、侵すことのできない永久の権利として信託されたものである。

第九十八条　この憲法は、国の最高法規であつて、その条規に反する法律、命令、詔勅及び国務に関するその他の行為の全部又は一部は、その効力を有しない。

２　日本国が締結した条約及び確立された国際法規は、これを誠実に遵守することを必要とする。

第九十九条　天皇又は摂政及び国務大臣、国会議員、裁判官その他の公務員は、この憲法を尊重し擁護する義務を負ふ。

第十一章　補　則

第百条　この憲法は、公布の日から起算して六箇月を経過した日から、これを施行する。

２　この憲法を施行するために必要な法律の制定、参議院議員の選挙及び国会召集の手続並びにこの憲法を施行するために必要な準備手続は、前項の期日よりも前に、これを行ふことができる。

第百一条　この憲法施行の際、参議院がまだ成立してゐないときは、その成立するまでの間、衆議院は、国会としての権限を行ふ。

第百二条　この憲法による第一期の参議院議員のうち、その半数の者の任期は、これを三年とする。その議員は、法律の定めるところにより、これを定める。

第百三条　この憲法施行の際現に在職する国務大臣、衆議院議員及び裁判官並びにその他の公務員で、その地位に相応する地位がこの憲法で認められてゐる者は、法律で特別の定をした場合を除いては、この憲法施行のため、当然にはその地位を失ふことはない。但し、この憲法によつて、後任者が選挙又は任命されたときは、当然その地位を失ふ。

「あたらしい憲法のはなし（一九四七年八月二日文部省発行）

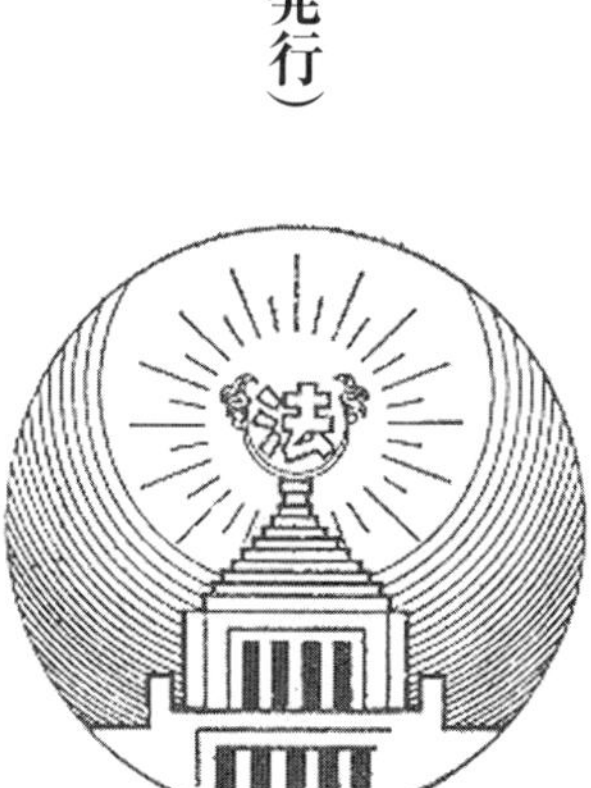

あたらしい憲法のはなし

文部省

一　憲法

みなさん、あたらしい憲法ができました。そうして昭和二十二年五月三日から、私たち日本國民は、この憲法を守ってゆくことになりました。このあたらしい憲法をこしらえるために、たくさんの人々が、たいへん苦心をなさいました。ところでみなさんは、憲法というものはどんなものかごぞんじですか。じぶんの身にかゝわりのないことのようにおもっている人はないでしょうか。もしそうならば、それは大きなまちがいです。

國の仕事は、一日も休むことはできません。また、國を治めてゆく仕事のやりかたは、はっきりときめておかなければなりません。そのためには、いろ〳〵規則がいるのです。この規則はたくさんありますが、そのうちで、いちばん大事な規則が憲法です。

國をどういうふうに治め、國の仕事をどういうふうにやってゆくかということをきめた、いちばん根本になっている規則が憲法です。もしみなさんの家の柱がなくなったとしたらどうでしょう。家はたちまちたおれてしまうでしょう。いま國を家にたとえると、ちょうど柱にあたるものが憲法です。もし憲法がなければ、國の中におゝぜいの人がいても、どうして國を治めてゆくかということがわかりません。それでどこの國でも、憲法をいちばん大事な規則として、これをたいせつに守ってゆくのです。國でいちばん大事な規則は、いいかえれば、いちばん高い位にある規則ですから、これを國の「最高法規」というのです。

ところがこの憲法には、いまおはなししたように、國の仕事のやりかたのほかに、もう一つ大事なことが書いてあるのです。それは國民の権利のことです。この権利のことは、あとでくわしくおはなししますから、こゝではたゞ、なぜそれが、國の仕事のやりかたをきめた規則と同じように大事であるか、ということだけをおはなししておきましょう。

みなさんは日本國民のうちのひとりです。國民のひとり〳〵が、かしこくなり、強くならなければ、國民ぜんたいがかしこく、また、強くなれません。國の力のもとは、ひとり〳〵の國民にあります。そこで國は、この國民のひとり〳〵の力をはっきりとみとめて、しっかりと守ってゆくのです。そのために、國民のひとり〳〵に、いろ〳〵大事な権利があることを、憲法できめているのです。この國民の大事な権利のことを「基本的人権」というのです。これも憲法の中に書いてあるのです。

そこでもういちど、憲法とはどういうものであるかということを申しておきます。憲法とは、國でいちばん大事な規則、すなわち「最高法規」というもので、その中には、だいたい二つのことが記されています。その一つは、國の治めかた、國の仕事のやりかたをきめた規則です。もう一つは、國民のいちばん大事な権利、すなわち「基本的人権」をきめた規則です。このほかにまた憲法は、その必要により、いろ〳〵のことをきめることがあります。こんどの憲法にも、あとでおはなしするように、これからは戰争をけっしてしないという、たいせつなことがきめられています。

これまであった憲法は、明治二十二年にできたもので、これは明治天皇がおつくりになって、國民にあたえられたものです。しかし、こんどのあたらしい憲法は、日本國民がじぶんでつくったもので、日本國民ぜんたいの意見で、自由につくられたものであります。この國民ぜんたいの意見を知るために、昭和二十一年四月十日に総選挙が行われ、あたらしい國民の代表がえらばれて、その人々がこの憲法をつくったのです。それで、あたらしい憲法は、國民ぜんたいでつくったということになるのです。

みなさんも日本國民のひとりです。そうすれば、この憲法は、みなさんのつくったものです。みなさんは、じぶんでつくったものを、大事になさるでしょう。こんどの憲法は、みなさんをふくめた國民ぜんたいのつくったものであり、國でいちばん大事な規則であるとするならば、みなさんは、國民のひとりとして、しっかりとこの憲法を守ってゆかなければなりません。そのためには、まずこの憲法に、どういうことが書いてあるかを、はっきりと知らなければなりません。

みなさんが、何かゲームのために規則のようなものをきめるときに、みんないっしょに書いてしまっては、わかりにくいでしょう。國の規則もそれと同じで、一つ〳〵事柄にしたがって分けて書き、それに番号をつけて、第何條、第何條というように順々に記します。こんどの憲法は、第一條から第百三條までであります。そうしてそのほかに、前書が、いちばんはじめにつけてあります。これを「前文」といいます。

この前文には、だれがこの憲法をつくったかということや、どんな考えでこの憲法の規則ができているかということなどが記されています。この前文というものは、二つのはたらきをするのです。その一つは、みなさんが憲法をよんで、その意味を知ろうとするときに、手びきになることです。つまりこんどの憲法は、この前文に記されたような考えからできたものですから、前文にある考えと、ちがったふうに考えてはならないということです。もう一つのはたらきは、これからさき、この憲法をかえるときに、この前文に記された考え方と、ちがうようなかえかたをしてはならないということです。

それなら、この前文の考えというのはなんでしょう。いちばん大事な考えが三つあります。それは、「民主主義」と「國際平和主義」と「主権在民主義」です。「主義」という言葉をつかうと、なんだかむずかしくきこえますけれども、少しもむずかしく考えることはありません。主義というのは、正しいと思う、もののやりかたのことです。それでみなさんは、この三つのことを知らなければなりません。まず「民主主義」からおはなししましょう。

二　民主主義とは

こんどの憲法の根本となっている考えの第一は民主主義です。ところで民主主義とは、いったいどういうことでしょう。みなさんはこのことばを、ほう〲できいたでしょう。これがあたらしい憲法の根本になっているものとすれば、みなさんは、はっきりとこれを知っておかなければなりません。しかも正しく知っておかなければなりません。

みなさんがおゝぜいあつまって、いっしょに何かするときのことを考えてごらんなさい。だれの意見で物事をきめますか。もしもみんなの意見が同じなら、もんだいはありません。もし意見が分かれたときは、どうしますか。ひとりの意見できめますか。二人の意見できめますか。それともおゝぜいの意見できめますか。どれがよいでしょう。ひとりの意見が、正しくすぐれていて、おゝぜいの意見がまちがっておとっていることもあります。しかし、そのはんたいのことがもっと多いでしょう。そこで、まずみんなが十分にじぶんの考えをはなしあったあとで、おゝぜいの意見で物事をきめてゆくのが、いちばんまちがいがないということになります。そうして、あとの人は、このおゝぜいの人の意見に、すなおにしたがってゆくのがよいのです。このなるべくおゝぜいの人の意見で、物事をきめてゆくことが、民主主義のやりかたです。

國を治めてゆくのもこれと同じです。わずかの人の意見で國を治めてゆくのは、よくないのです。國民ぜんたいの意見で、國を治めてゆくのがいちばんよいのです。つまり國民ぜんたいが、國を治めてゆく

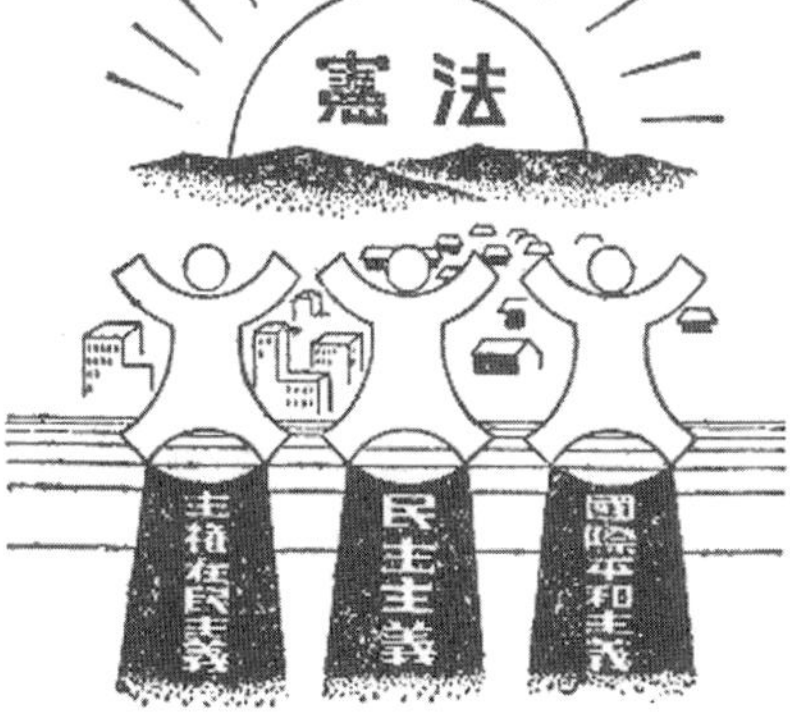

――これが民主主義の治めかたです。

しかし國は、みなさんの学級とはちがいます。國民ぜんたいが、ひとところにあつまって、そうだんすることはできません。ひとり〳〵の意見をきいてまわることもできません。そこで、みんなの代わりになって、國の仕事のやりかたをきめるものがなければなりません。それが國会です。國民が、國会の議員を選挙するのは、じぶんの代わりになって、國を治めてゆく者をえらぶのです。だから國会では、なんでも、國民の代わりである議員のおゝぜいの意見で物事をきめます。そうしてほかの議員は、これにしたがいます。これが國民ぜんたいの意見で物事をきめたことになるのです。これが民主主義です。ですから、民主主義とは、國民ぜんたいで、國を治めてゆくことです。みんなの意見で物事をきめてゆくのが、いちばんまちがいがすくないのです。だから民主主義で國を治めてゆけば、みなさんは幸福になり、また國もさかえてゆくでしょう。

國は大きいので、このように國の仕事を國会の議員にまかせてきめてゆきますから、國会は國民の代わりになるものです。この「代わりになる」ということを「代表」といいます。まえに申しましたように、民主主義は、國民ぜんたいで國を治めてゆくことですが、國会が國民ぜんたいを代表して、國のことをきめてゆきますから、これを「代表制民主主義」のやりかたといいます。

しかしいちばん大事なことは、國会にまかせておかないで、國民が、じぶんで意見をきめることがあります。こんどの憲法でも、たとえばこの憲法をかえるときは、國会だけできめないで、國民ひとり〳〵が、賛成か反対かを投票してきめることになっています。このときは、國民が直接に國のことをきめますから、これを「直接民主主義」のやりかたといいます。あたらしい憲法は、代表制民主主義と直接民主主義と、二つのやりかたで國を治めてゆくことにしていますが、代表制民主主義のやりかたのほうが、おもになっていて、直接民主主義のやりかたは、いちばん大事なことにかぎられているのです。だからこんどの憲法は、だいたい代表制民主主義のやりかたになっているといってもよいのです。

みなさんは日本國民のひとりです。しかしまだこどもです。國のことは、みなさんが二十歳になって、はじめてきめてゆくことができるのです。國会の議員をえらぶのも、國のことについて投票するのも、みなさんが二十歳になってはじめてできることです。みなさんのおにいさんや、おねえさんには、二十歳以上の方もおいでてしょう。そのおにいさんやおねえさんが、選挙の投票にゆかれるのをみて、みなさんはどんな氣がしましたか。いまのうちに、よく勉強して、國を治めることや、憲法のことなどを、よく知っておいてください。もうすぐみなさんも、おにいさんやおねえさんといっしょに、國のことを、じぶんできめてゆくことができるのです。みなさんの考えとはたらきで國が治まってゆくのです。みんながなかよく、じぶんで、じぶんの國のことをやってゆくくらい、たのしいことはありません。これが民主主義というものです。

三　國際平和主義

國の中で、國民ぜんたいで、物事をきめてゆくことを、民主主義といいましたが、國民の意見は、人によってずいぶんちがっています。しかし、おゝぜいのほうの意見に、すなおにしたがってゆき、またそのおゝぜいのほうも、すくないほうの意見をよくきいてじぶんの意見をきめ、みんなが、なかよく國の仕事をやってゆくのでなければ、民主主義のやりかたは、なりたたないのです。

これは、一つの國について申しましたが、國と國との間のことも同じことです。じぶんの國のことばかりを考え、じぶんの國のためばかりを考えて、ほかの國の立場を考えないでは、世界中の國が、なかよくしてゆくことはできません。世界中の國が、いくさをしないで、なかよくやってゆくことを、國際平和主義といいます。だから民主主義ということは、この國際平和主義と、たいへんふかい関係があるのです。こんどの憲法で民主主義のやりかたをきめたからには、またほかの國にたいしても國際平和主義でやってゆくということになるのは、あたりまえであります。この國際平和主義をわすれて、じぶんの國のことばかり考えていたので、とうとう戰爭をはじめてしまったのです。そこであたらしい憲法では、前文の中に、これからは、この國際平和主義でやってゆくということを、力強いことばで書いてあります。またこの考えが、あとでのべる戰爭の放棄、すなわち、これからは、いっさい、いくさはしないということをきめることになってゆくのであります。

四　主權在民主義

みなさんがあつまって、だれがいちばんえらいかをきめてごらんなさい。いったい「いちばんえらい」というのは、どういうことでしょう。勉強のよくできることでしょうか。それとも力の強いことでしょうか。いろ〳〵きめかたがあってむずかしいことです。

國では、だれが「いちばんえらい」といえるでしょう。もし國の仕事が、ひとりの考えできまるならば、そのひとりが、いちばんえらいといわなければなりません。もしおおぜいの考えできまるなら、そのおゝぜいが、みないちばんえらいことになります。もし國民ぜんたいの考えできまるならば、國民ぜんたいが、いちばんえらいのです。こんどの憲法は、民主主義の憲法ですから、國民ぜんたいの考えで國を治めてゆきます。そうすると、國民ぜんたいがいちばん、えらいといわなければなりません。

國を治めてゆく力のことを「主權」といいますが、この力が國民ぜんたいにあれば、これを「主權は國民にある」といいます。こんどの憲法は、いま申しましたように、民主主義を根本の考えとしていますから、主權は、とうぜん日本國民にあるわけです。そこで前文の中にも、また憲法の第一條にも、「主權が國民に存する」

とはっきりかいてあるのです。主権が國民にあることを、「主権在民」といいます。あたらしい憲法は、主権在民という考えでできていますから、主権在民主義の憲法であるということになるのです。

みなさんは、日本國民のひとりです。主権をもっている日本國民のひとりです。しかし、主権は日本國民ぜんたいにあるのです。ひとり〳〵が、べつ〳〵にもっているのではありません。ひとり〳〵が、みなじぶんがいちばんえらいと思って、勝手なことをしてもよいということでは、けっしてありません。それは民主主義にあわないことになります。みなさんは、主権をもっている日本國民のひとりであるということに、ほこりをもつとともに、責任を感じなければなりません。よいこどもであるとともに、よい國民でなければなりません。

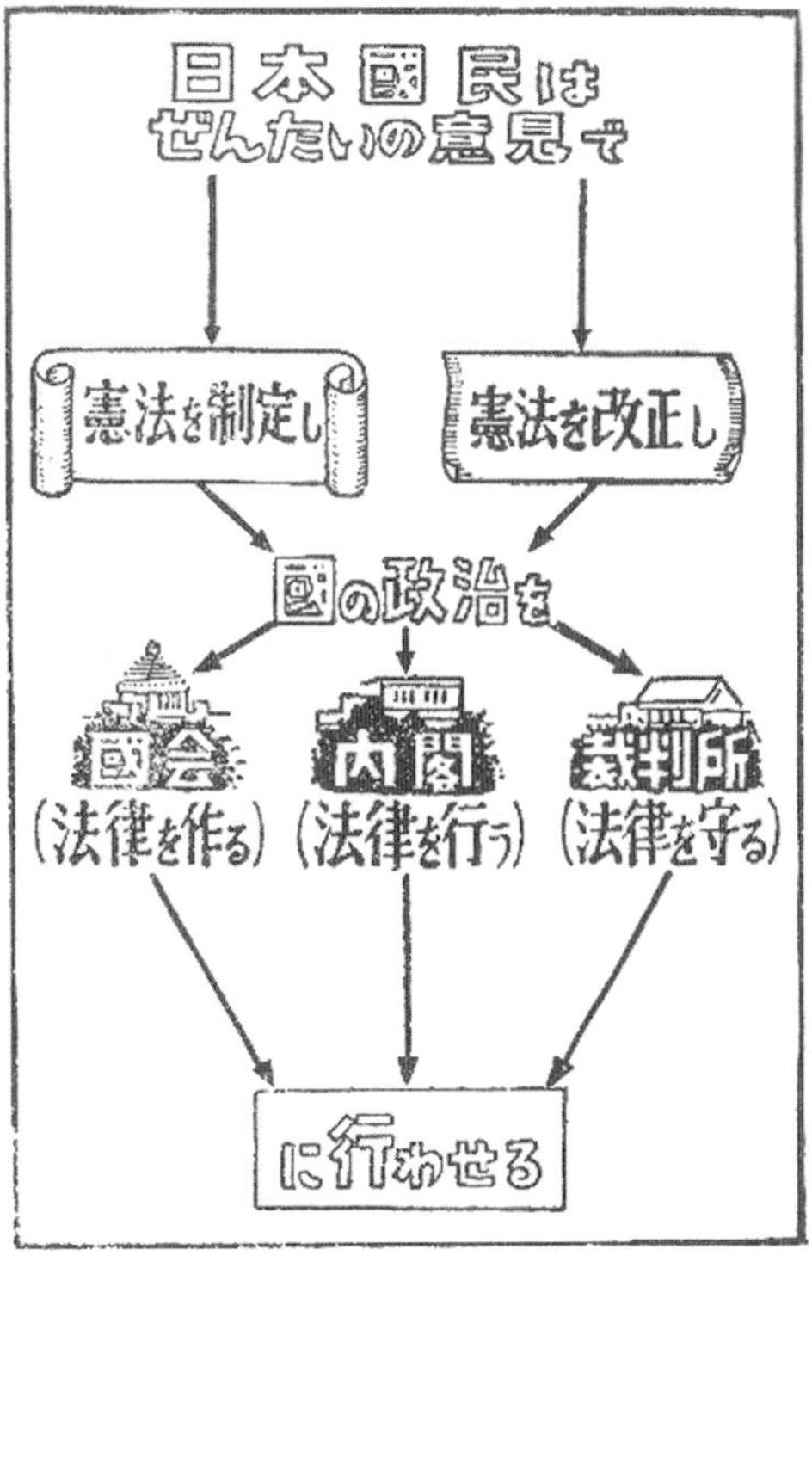

五　天皇陛下

こんどの戰争で、天皇陛下は、たいへんごくろうをなさいました。なぜならば、古い憲法では、天皇をお助けして國の仕事をした人々は、國民ぜんたいがえらんだものでなかったので、國民の考えとはなれて、とう〳〵戰争になったからです。そこで、これからさき國を治めてゆくについて、二度とこのようなことのないように、あたらしい憲法をこしらえるとき、たいへん苦心をいたしました。ですから、天皇は、憲法で定めたお仕事だけをされ、政治には関係されないことになりました。

憲法は、天皇陛下を「象徴」としてゆくことにきめました。みなさんは、この象徴ということを、はっきり知らなければなりません。日の丸の國旗を見れば、日本の國をおもいだすでしょう。國旗が國の代わりになって、國をあらわすからです。みなさんの学校の記章を見れば、どこの学校の生徒かがわかるでしょう。記章が学校の代わりになって、学校をあらわすからです。いまこゝに何か眼に見えるものがあって、ほかの眼に見えないものの代わりになって、それをあらわすときに、これを「象徴」ということばでいいあらわすのです。こんどの憲法の第一條は、天皇陛下を「日本國の象徴」としているのです。つまり天皇陛下は、日本の國をあらわされるお方ということであります。

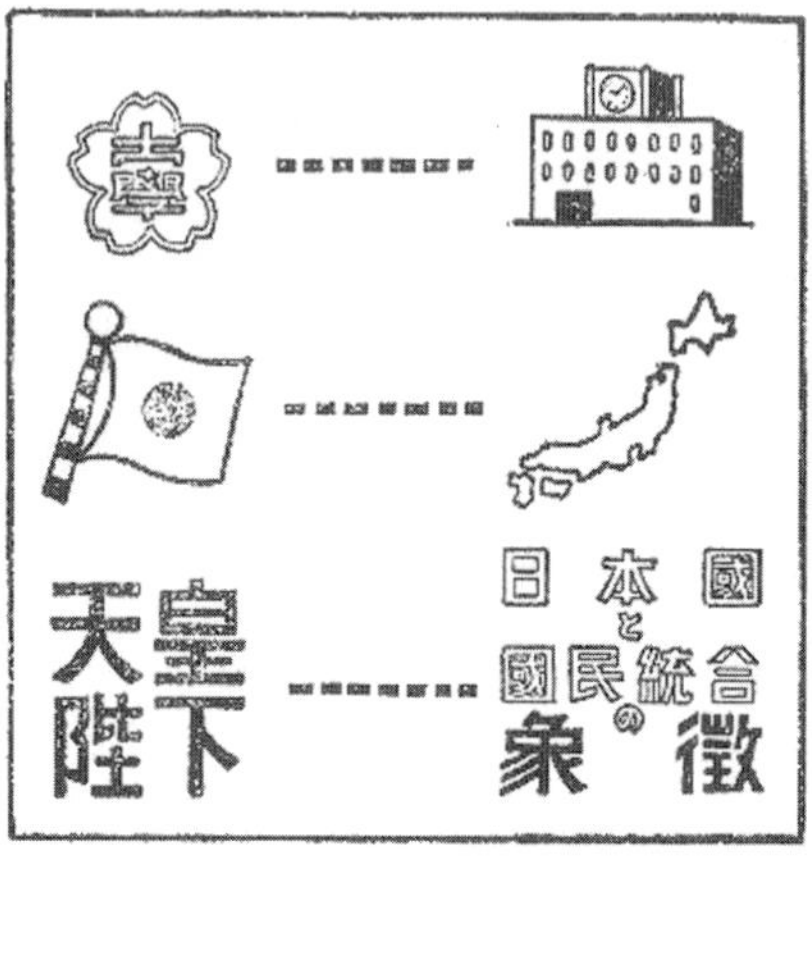

また憲法第一條は、天皇陛下を「日本國民統合の象徴」であるとも書いてあるのです。「統合」というのは「一つにまとまっている」ということです。つまり天皇陛下は、一つにまとまった日本國民の象徴でいらっしゃいます。これは、私たち日本國民ぜんたいの中心としておいでになるお方ということなのです。それで天皇陛下は、日本國民ぜんたいをあらわされるのです。

このような地位に天皇陛下をお置き申したのは、日本國民ぜんたいの考えにあるのです。これからさき、國を治めてゆく仕事は、みな國民がじぶんでやってゆかなければなりません。天皇陛下は、けっして神様ではありません。國民と同じような人間でいらっしゃいます。ラジオのほうそうもなさいました。小さな町のすみにもおいでになりました。ですから私たちは、天皇陛下を私たちのまん中にしっかりとお置きして、國を治めてゆくについてごくろうのないようにしなければなりません。これで憲法が天皇陛下を象徴とした意味がおわかりでしょう

六　戦争の放棄

みなさんの中には、こんどの戦争に、おとうさんやにいさんを送りだされた人も多いでしょう。ごぶじにおかえりになったでしょうか。それともとう〳〵おかえりにならなかったでしょうか。また、くうしゅうで、家やうちの人を、なくされた人も多いでしょう。いまやっと戦争はおわりました。二度とこんなおそろしい、かなしい思いをしたくないと思いませんか。こんな戦争をして、日本の國はどんな利益があったでしょうか。何もありません。たゞ、おそろしい、かなしいことが、たくさんおこっただけではありませんか。戦争は人間をほろぼすことです。世の中のよいものをこわすことです。だから、こんどの戦争をしかけた國には、大きな責任があるといわなければなりません。このまえの世界戦争のあとでも、もう戦争は二度とやるまいと、多くの國々ではいろ〳〵考えましたが、またこんな大戦争をおこしてしまったのは、まことに残念なことではありませんか。

そこでこんどの憲法では、日本の國が、けっして二度と戦争をしないように、二つのことをきめました。その一つは、兵隊も軍艦も飛行機も、およそ戦争をするためのものは、いっさいもたないということです。これからさき日本には、陸軍も海軍も空軍もないのです。これを戦力の放棄といいます。「放棄」とは「すててしまう」ということです。しかしみなさんは、けっして心ぼそく思うことはありません。日本は正しいことを、ほかの國よりさきに行ったのです。世の中に、正しいことぐらい強いものはありません。

もう一つは、よその國と争いごとがおこったとき、けっして戰爭によって、相手をまかして、じぶんのいいぶんをとおそうとしないということをきめたのです。おだやかにそうだんをして、きまりをつけようというのです。なぜならば、いくさをしかけることは、けっきょく、じぶんの國をほろぼすようなはめになるからです。また、戰爭とまでゆかずとも、國の力で、相手をおどすようなことは、いっさいしないことにきめたのです。これを戰爭の放棄というのです。そうしてよその國となかよくして、世界中の國が、よい友だちになってくれるようにすれば、日本の國は、さかえてゆけるのです。

みなさん、あのおそろしい戰爭が、二度とおこらないように、また戰爭を二度とおこさないようにいたしましょう。

七　基本的人權

くうしゅうでやけたところへ行ってごらんなさい。やけたゞれた土から、もう草が青々とはえています。みんな生き〳〵としげっています。草でさえも、力強く生きてゆくのです。ましてやみなさんは人間です。生きてゆく力があるはずです。天からさずかったしぜんの力があるのです。この力によって、人間が世の中に生きてゆくことを、だれもさまたげてはなりません。しかし人間は、草木とちがって、たゞ生きてゆくというだけではなく、人間らしい生活をしてゆかなければなりません。この人間らしい生活には、必要なものが二つあります。それは「自由」ということと、「平等」ということです。

人間がこの世に生きてゆくからには、じぶんのすきな所に住み、じぶんのすきな所に行き、じぶんの思うことをいい、じぶんのすきな教えにしたがってゆけることなどが必要です。これらのことが人間の自由であって、この自由は、けっして奪われてはなりません。また、國の力でこの自由を取りあげ、やたらに刑罰を加えたりしてはなりません。そこで憲法は、この自由は、けっして侵すことのできないものであることをきめているのです。

またわれわれは、人間である以上はみな同じです。人間の上に、もっとえらい人間があるはずはなく、人間の下に、もっといやしい人間があるわけはありません。男が女よりもすぐれ、女が男よりもおとっているということもありません。みな同じ人間であるならば、この世に生きてゆくのに、差別を受ける理由はないのです。差別のないことを「平等」といいます。そこで憲法は、自由といっしょに、この平等ということをきめているのです。

國の規則の上で、何かはっきりとできることがみとめられていることを、「権利」といいます。自由と平等とがはっきりみとめられ、これを侵されないとするならば、この自由と平等とは、みなさんの権利です。これを「自由権」というのです。しかもこれは人間のいちばん大事な権利です。このいちばん大事な人間の権利のことを「基本的人権」といいます。あたらしい憲法は、この基本的人権を、侵すことのできない永久に與えられた権利として記しているのです。これを基本的人権を「保障する」というのです。

しかし基本的人権は、こゝにいった自由権だけではありません。まだほかに二つあります。自由権だけで、人間の國の中での生活が

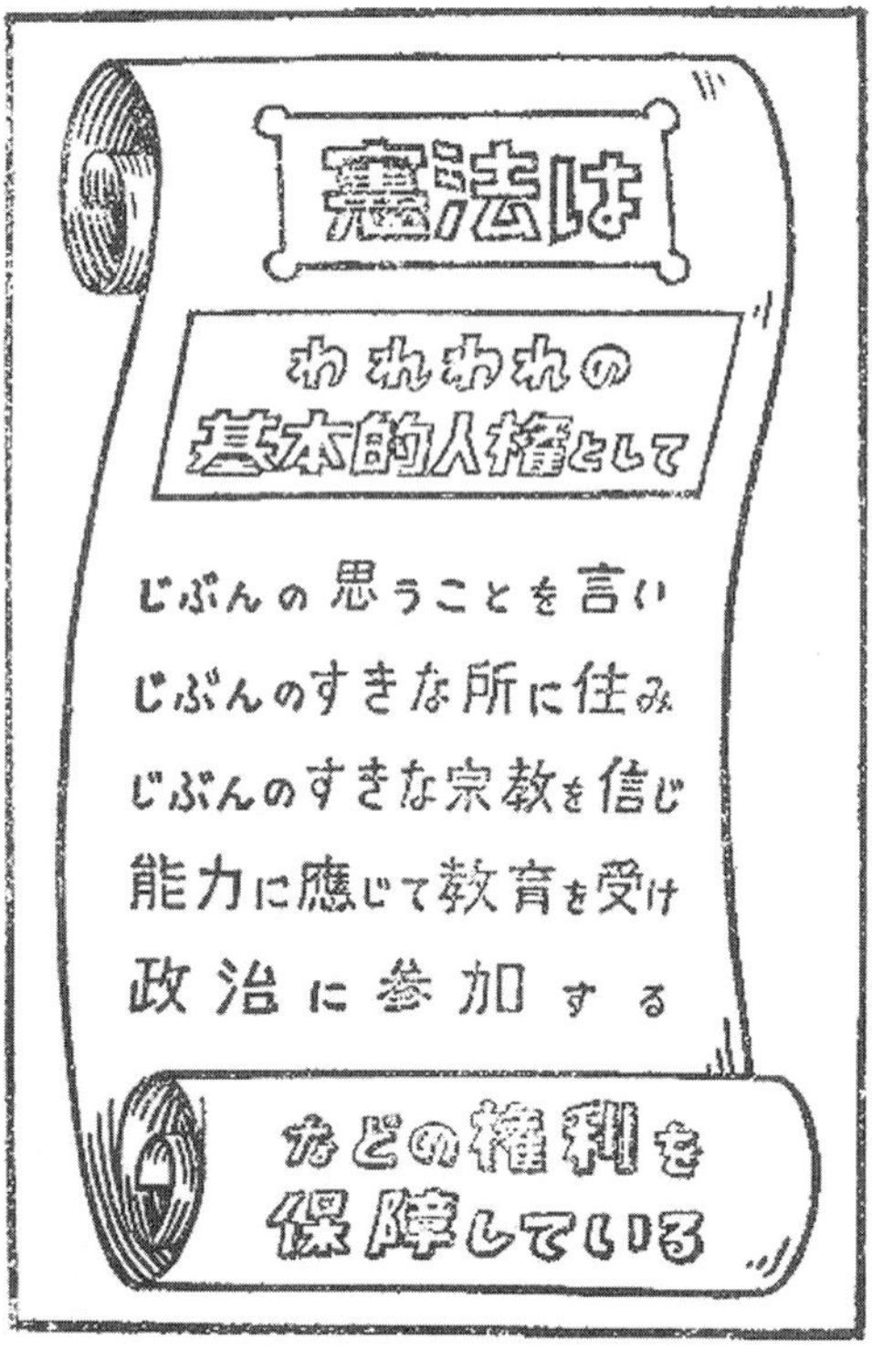

すむものではありません。たとえばみなさんは、勉強をしてよい國民にならなければなりません。國はみなさんに勉強をさせるようにしなければなりません。そこでみなさんは、教育を受ける権利を憲法で與えられているのです。この場合はみなさんのほうから、國にたいして、教育をしてもらうことを請求できるのです。これも大事な基本的人権ですが、これを「請求権」というのです。争いごとのおこったとき、國の裁判所で、公平にさばいてもらうのも、裁判を請求する権利といって、基本的人権ですが、これも請求権であります。

それからまた、國民が、國を治めることにいろ〳〵関係できるのも、大事な基本的人権ですが、これを「参政権」といいます。國会の議員や知事や市町村長などを選挙したり、じぶんがそういうものになったり、國や地方の大事なことについて投票したりすることは、みな参政権です。

みなさん、いままで申しました基本的人権は大事なことですから、もういちど復習いたしましょう。みなさんは、憲法で基本的人権というりっぱな強い権利を與えられました。この権利は、三つに分かれます。第一は自由権です。第二は請求権です。第三は参政権です。

こんなりっぱな権利を與えられましたからには、みなさんは、じぶんでしっかりとこれを守って、失わないようにしてゆかなければなりません。しかしまた、むやみにこれをふりまわして、ほかの人に迷惑をかけてはいけません。ほかの人も、みなさんと同じ権利をもっていることを、わすれてはなりません。國ぜんたいの幸福になるよう、この大事な基本的人権を守ってゆく責任があると、憲法に書いてあります。

八　國会

民主主義は、國民が、みんなでみんなのために國を治めてゆくことです。しかし、國民の数はたいへん多いのですから、だれかが、國民ぜんたいに代わって國の仕事をするよりほかはありません。この國民に代わるものが「國会」です。まえにも申しましたように、國民は國を治めてゆく力、すなわち主権をもっているのです。

この主権をもっている國民に代わるものが國会ですから、國会は國でいちばん高い位にあるもので、これを「最高機関」といいます。「機関」というのは、ちょうど人間に手足があるように、國の仕事をいろ〳〵分けてする役目のあるものという意味です。國には、いろ〳〵なはたらきをする機関があります。あとでのべる内閣も、裁判所も、みな國の機関です。しかし國会は、その中でいちばん高い位にあるのです。それは國民ぜんたいを代表しているからです。

國の仕事はたいへん多いのですが、これを分けてみると、だいたい三つに分かれるのです。その第一は、國のいろ〳〵の規則をこしらえる仕事で、これを「立法」というのです。第二は、争いごとをさばいたり、罪があるかないかをきめる仕事で、これを「司法」というのです。ふつうに裁判といっているのはこれです。第三は、この「立法」と「司法」とをのぞいたいろ〳〵の仕事で、これをひとまとめにして「行政」といいます。國会は、この三つのうち、どれをするかといえば、立法をうけもっている機関であります。司法は、裁判所がうけもっています。行政は、内閣と、その下にある、たくさんの役所がうけもっています。

國会は、立法という仕事をうけもっていますから、國の規則はみな國会がこしらえるのです。國会のこしらえる國の規則を「法律」といいます。みなさんは、法律ということばをよくきくことがあるでしょう。しかし、國会で法律をこしらえるのには、いろ〳〵手つづきがいりますから、あまりこま〳〵した規則までこしらえることはできません。そこで憲法は、ある場合には、國会でないほかの機関、たとえば内閣が、國の規則をこしらえることをゆるしています。これを「命令」といいます。

しかし、國の規則は、なるべく國会でこしらえるのがよいのです。なぜならば、國会は、國民がえらんだ議員のあつまりで、國民の意見がいちばんよくわかっているからです。そこで、あたらしい憲法は、國の規則は、ただ國会だけがこしらえるということにしました。これを、國会は「唯一の立法機関である」というのです。「唯一」とは、ただ一つで、ほかにはないということです。立法機関とは、國の規則をこしらえる役目のある機関ということです。そうして、國会以外のほかの機関が、國の規則をこしらえてもよい場合は、憲法で、一つ〳〵きめているのです。また、國会のこしらえた國の規則、すなわち法律の中で、これ〳〵のことは命令できめてもよろしいとゆるすこともあります。國民のえらんだ代表者が、國会で國民を治める規則をこしらえる、これが民主主義のたてまえであります。

しかし國会には、國の規則をこしらえることのほかに、もう一つ大事な役目があります。それは、内閣や、その下にある、國のいろ〳〵な役所の仕事のやりかたを、監督することです。これらの役所の仕事は、まえに申しました「行政」というはたらきですから、國会は、行政を監督して、まちがいのないようにする役目をしているのです。これで、國民の代表者が國の仕事を見はっていることになるのです。これも民主主義の國の治めかたであります。

日本の國会は「衆議院」と「参議院」との二つからできています。その一つ〳〵を「議院」といいます。このように、國会が二つの議院からできているものを「二院制度」というのです。國によっては、一つの議院しかないものもあり、これを「一院制度」というのです。しかし、多くの國の國会は、二つの議院からできています。國の仕事はこの二つの議院がいっしょにきめるのです。

なぜ二つの議院がいるのでしょう。みなさんは、野球や、そのほかのスポーツでいう「バック・アップ」ということをごぞんじですか。一人の選手が球を取りあつかっているとき、もう一人の選手が、うしろにまわって、まちがいのないように守ることを「バック・アップ」といいます。國会は、國の大事な仕事をするのですから、衆議院だけでは、まちがいが起るといけないから、参議院が「バック・アップ」するはたらきをするのです。たゞし、スポーツのほうでは、選手がおたがいに「バック・アップ」しますけれども、國会では、おもなはたらきをするのは衆議院であって、参議院は、たゞ衆議院を「バック・アップ」するだけのはたらきをするのです。したがって、衆議院のほうが、参議院よりも、強い力を與えられているのです。この強い力をもった衆議院を「第一院」といい、参議院を「第二院」といいます。なぜ衆議院のほうに強い力があるのでしょう。そのわけは次のとおりです。

衆議院の選挙は、四年ごとに行われます。衆議院の議員は、四年間つとめるわけです。しかし、衆議院の考えが國民の考えを正しくあらわしていないと内閣が考えたときなどには、内閣は、國民の意見を知るために、いつでも天皇陛下に申しあげて、衆議院の選挙のやりなおしをしていただくことができます。これを衆議院の「解散」というのです。そうして、この解散のあとの選挙で、國民がどういう人をじぶんの代表にえらぶかということによって、國民のあたらしい意見が、あたらしい衆議院にあらわれてくるのです。

参議院のほうは、議員が六年間つとめることになっており、三年ごとに半分ずつ選挙をして交代しますけれども、衆議院のように解散ということがありません。そうしてみると、衆議院のほうが、参議院よりも、その時、その時の國民の意見を、よくうつしているといわなければなりません。そこで衆議院のほうに、参議院よりも強い力が與えられているのです。どういうふうに衆議院の方が強い力をもっているかということは、憲法できめられていますが、ひと口でいうと、衆議院と参議院との意見がちがったときには、衆議院のほうの意見がとおるようになっているということです。

しかし衆議院も参議院も、ともに國民ぜんたいの代表者ですから、その議員は、みな國民が國民の中からえらぶのです。衆議院のほうは、議員が四百六十六人、参議院のほうは二百五十人あります。この議員をえらぶために、國を「選挙区」というものに分けて、この選挙区に人口にしたがって議員の数をわりあてます。したがって選挙は、この選挙区ご

とに、わりあてられた数だけの議員をえらんで出すことになります。

議員を選挙するには、選挙の日に投票所へ行き、投票用紙を受け取り、じぶんのよいと思う人の名前を書きます。それから、その紙を折り、かぎのかゝった投票箱へ入れるのです。この投票は、ひじょうに大事な権利です。選挙する人は、みなじぶんの考えでだれに投票するかをきめなければなりません。けっして、品物や利益になる約束で説き伏せられてはなりません。この投票は、秘密投票といって、だれをえらんだかをいう義務もなく、ある人をえらんだ理由を問われても答える必要はありません。

さて日本國民は、二十歳以上の人は、だれでも國会議員や知事市長などを選挙することができます。これを「選挙権」というのです。わが國では、ながいあいだ、男だけがこの選挙権をもっていました。また、財産をもっていて税金をおさめる人だけが、選挙権をもっていたこともありました。いまは、民主主義のやりかたで國を治めてゆくのですから、二十歳以上の人は、男も女もみんな選挙権をもっています。このように、國民がみな選挙権をもつことを、「普通選挙」といいます。こんどの憲法は、この普通選挙を、國民の大事な基本的人権としてみとめているのです。しかし、いくら普通選挙といっても、こどもや氣がくるった人まで選挙権をもつというわけではありませんが、とにかく男女人種の区別もなく、宗教や財産の上の区別もなく、みんながひとしく選挙権をもっているのです。

また日本國民は、だれでも國会の議員などになることができます。男も女もみな議員になれるのです。これを「被選挙権」といいます。しかし、年齢が、選挙権のときと少しちがいます。衆議院議員になるには、二十五歳以上、参議院議員になるには、三十歳以上でなければなりません。この被選挙権の場合も、選挙権と同じように、だれが考えてもいけないと思われる者には、被選挙権がありません。國会議員になろうとする人は、じぶんでとどけでて、「候補者」というものになるのです。また、じぶんがよいと思うほかの人を、「候補者」としてとゞけでることもあります。これを候補者を「推薦する」といいます。

この候補者をとゞけでるのは、選挙の日のまえにしめきってしまいます。投票をする人は、この候補者の中から、じぶんのよいと思う人をえらばなければなりません。ほかの人の名前を書いてはいけません。そうして、投票の数の多い候補者から、議員になれるのです。それを「当選する」といいます。

みなさん、民主主義は、國民ぜんたいで國を治めてゆくことです。そうして國会は、國民ぜんたいの代表者です。それで、國会議員を選挙することは、國民の大事な権利で、また大事なつとめです。國民はぜひ選挙にでてゆかなければなりません。選挙にゆかないのは、この大事な権利をすててしまうことであり、また大事なつとめをおこたることです。國民は棄権してはなりません。選挙にゆかないことを、ふつう「棄権」といいます。これは、権利をすてるという意味です。國民は棄権してはなりません。みなさんも、いまにこの権利をもつことになりますから、選挙のことは、とくにくわしく書いておいたのです。

國会は、このようにして、國民がえらんだ議員があつまって、國のことをきめるところですが、ほかの役所とちがって、國会で、議員が、國の仕事をしているありさまを、國民が知ることができるのです。國民はいつでも、國会へ行って、これを見たりきいたりすることができるのです。また、新聞やラジオにも國会のことがでます。

つまり、國会での仕事は、國民の目の前で行われるのです。憲法は、國会はいつでも、國民に知れるようにして、仕事をしなければならないときめているのです。これはたいへん大事なことです。もし、まれな場合ですが秘密に会議を開こうとするときは、むずかしい手つゞきがいります。

これで、どういうふうに國が治められてゆくのか、どんなことが國でおこっているのか、國民のえらんだ議員が、どんな意見を國会でのべているかというようなことが、みんな國民にわかるのです。

國の仕事の正しい明かるいやりかたは、こゝからうまれてくるのです。國会がなくなれば、國の中がくらくなるのです。民主主義は明かるいやりかたです。國会は、民主主義にはなくてはならないものです。

日本の國会は、年中開かれているものではありません。しかし、毎年一回はかならず開くことになっています。これを「常会」といいます。常会は百五十日間ときまっています。これを國会の「会期」といいます。このほかに、必要のあるときは、臨時に國会を開きます。これを「臨時会」といいます。また、衆議院が解散されたときは、解散の日から四十日以内に、選挙を行い、その選挙の日から三十日以内に、あたらしい國会が開かれます。これを「特別会」といいます。臨時会と特別会の会期は、國会がじぶんできめます。また國会の会期は、必要のあるときは、延ばすことができます。それも國会がじぶんできめるのです。國会を開くには、國会議員をよび集めなければなりません。これを、國会を「召集する」といって、天皇陛下がなさるのです。召集された國会は、じぶんで開いて仕事をはじめ、会期がおわれば、じぶんで國会を閉じて、國会は一時休むことになります。

みなさん、國会の議事堂をごぞんじですか。あの白いうつくしい建物に、日の光りがさしているのをごらんなさい。あれは日本國民の力をあらわすところです。主権をもっている日本國民が國を治めてゆくところです。

九　政党

「政党」というのは、國を治めてゆくことについて、同じ意見をもっている人があつまってこしらえた團体のことです。みなさんは、社会党、民主党、自由党、國民協同党、共産党などという名前を、きいているでしょう。これらはみな政党です。政党は、國会の議員だけでこしらえているものではありません。政党からでている議員は、政党をこしらえている人の一部だけです。ですから、一つの政党があるということは、國の中に、それと同じ意見をもった人が、そうとうおゝぜいいるということになるのです。

政党には、國を治めてゆくについてのきまった意見があって、これを國民に知らせています。國民の意見は、人によってずいぶんちがいますが、大きく分けてみると、この政党の意見のどれかになるのです。つまり政党は、國民ぜんたいが、國を治めてゆくについてもっている意見を、大きく色分けにしたものといってもよいのです。民主主義で國を治めてゆくには、國民ぜんたいが、みんな意見をはなしあって、きめてゆかなければなりません。政党がおたがいに國のことを議論しあうのはこのためです。

日本には、この政党というものについて、まちがった考えがありました。それは、政党というものは、なんだか、國の中で、じぶんの意見をいいはっているいけないものだというような見方です。これはたいへんなまちがいです。民主主義のやりかたは、國の仕事について、國民が、おゝいに意見をはなしあってきめなければならないのですから、政党が争うのは、けっしてけんかではありません。民主主義でやれば、かならず政党というものができるのです。また、政党がいるのです。政党はいくつあってもよいのです。政党の数だけ、國民の意見が、大きく分かれていると思えばよいのです。ドイツやイタリアでは政党をむりに一つにまとめてしまい、また日本でも、政党をやめてしまったことがありました。その結果はどうなりましたか。國民の意見が自由にきかれなくなって、個人の権利がふみにじられ、とう〳〵おそろしい戦争をはじめるようになったではありませんか。

國会の選挙のあるごとに、政党は、じぶんの團体から議員の候補者を出し、またじぶんの意見を國民に知らせて、國会でなるべくたくさんの議員をえようとします。衆議院は、参議院よりも大きな力をもっていますから、衆議院でいちばん多く議員を、じぶんの政党から出すことが必要です。それで衆議院の選挙は、政党にとっていちばん大事なことです。國民は、この政党の意見をよくしらべて、じぶんのよいと思う政党の候補者に投票すれば、じぶんの意見が、政党をとおして國会にとどくことになります。

どの政党にもはいっていない人が、候補者になっていることもあります。國民は、このような候補者に投票することも、もちろん自由です。しかし政党には、きまった意見があり、それは國民に知らせてありますから、政党の候補者に投票をしておけば、その人が國会に出たときに、どういう意見をのべ、どういうふうにはたらくかということが、はっきりきまっています。もし政党の候補者でない人に投票したときは、その人が國会に出たとき、どういうようにはたらいてくれるかが、はっきりわからないふべんがあるのです。このようにして、選挙ごとに、衆議院に多くの議員をとった政党の意見で、國の仕事をやってゆくことになります。これは、いいかえれば、國民ぜんたいの中で、多いほうの意見で、國を治めてゆくことでもあります。

みなさん、國民は、政党のことをよく知らなければなりません。じぶんのすきな政党にはいり、またじぶんたちですきな政党をつくるのは、國民の自由で、憲法は、これを「基本的人権」としてみとめています。だれもこれをさまたげることはできません。

十　内閣

「内閣」は、國の行政をうけもっている機関であります。行政ということは、まえに申しましたように、「立法」すなわち國の規則をこしらえることと、「司法」すなわち裁判をすることをのぞいたあとの、國の仕事をまとめていうのです。國会は、國民の代表になって、國を治めてゆく機関ですが、たくさんの議員でできているし、また一年中開いているわけにもゆきませんから、日常の仕事やこま〱した仕事は、別に役所をこしらえて、こゝでとりあつかってゆきます。その役所のいちばん上にあるのが内閣です。

内閣は、内閣総理大臣と國務大臣とからできています。「内閣総理大臣」は内閣の長で、内閣ぜんたいをまとめてゆく、大事な役目をするのです。それで、内閣総理大臣にだれがなるかということは、たいへん大事なことですが、こんどの憲法は、内閣総理大臣は、國会の議員の中から、國会がきめて、天皇陛下に申しあげ、天皇陛下がこれをお命じになることになっています。國会できめるとき、衆議院と参議院の意見が分かれたときは、けっきょく衆議院の意見どおりにきめることになります。内閣総理大臣を國会できめるということは、衆議院でたくさんの議員をもっている政党の意見で、きまることになりますから、内閣総理大臣は、政党からでることになります。

また、ほかの國務大臣は、内閣総理大臣が、自分でえらんで國務大臣にします。しかし、國務大臣の数の半分以上は、國会の議員からえらばなければなりません。國務大臣は國の行政をうけもつ役目がありますが、この國務大臣の中から、大蔵省、文部省、厚生省、商工省などの國の役所の長になって、その役所の仕事を分けてうけもつ人がきまります。これを「各省大臣」といいます。つまり國務大臣の中には、この各省大臣になる人と、たゞ國の仕事ぜんたいをみてゆく國務大臣とがあるわけです。内閣総理大臣が政党からでる以上、國務大臣もじぶんと同じ政党の人からとることが、國の仕事をやってゆく上にべんりでありますから、國務大臣の大部分が、同じ政党からでることになります。

また、一つの政党だけでは、國会に自分の意見をとおすことができないと思ったときは、意見のちがうほかの政党と組んで内閣をつくります。このときは、それらの政党から、みな國務大臣がでて、いっしょに、國の仕事をすることになります。また政党の人でなくとも、國の仕事に明かるい人を、國務大臣に入れることもあります。しかし、民主主義のやりかたでは、けっきょく政党が内閣をつくることになり、政党から内閣総理大臣と國務大臣のおゝぜいがでることになるので、これを「政党内閣」というのです。

内閣は、國の行政をうけもち、また、天皇陛下が國の仕事をなさるときには、これに意見を申しあげ、また、御同

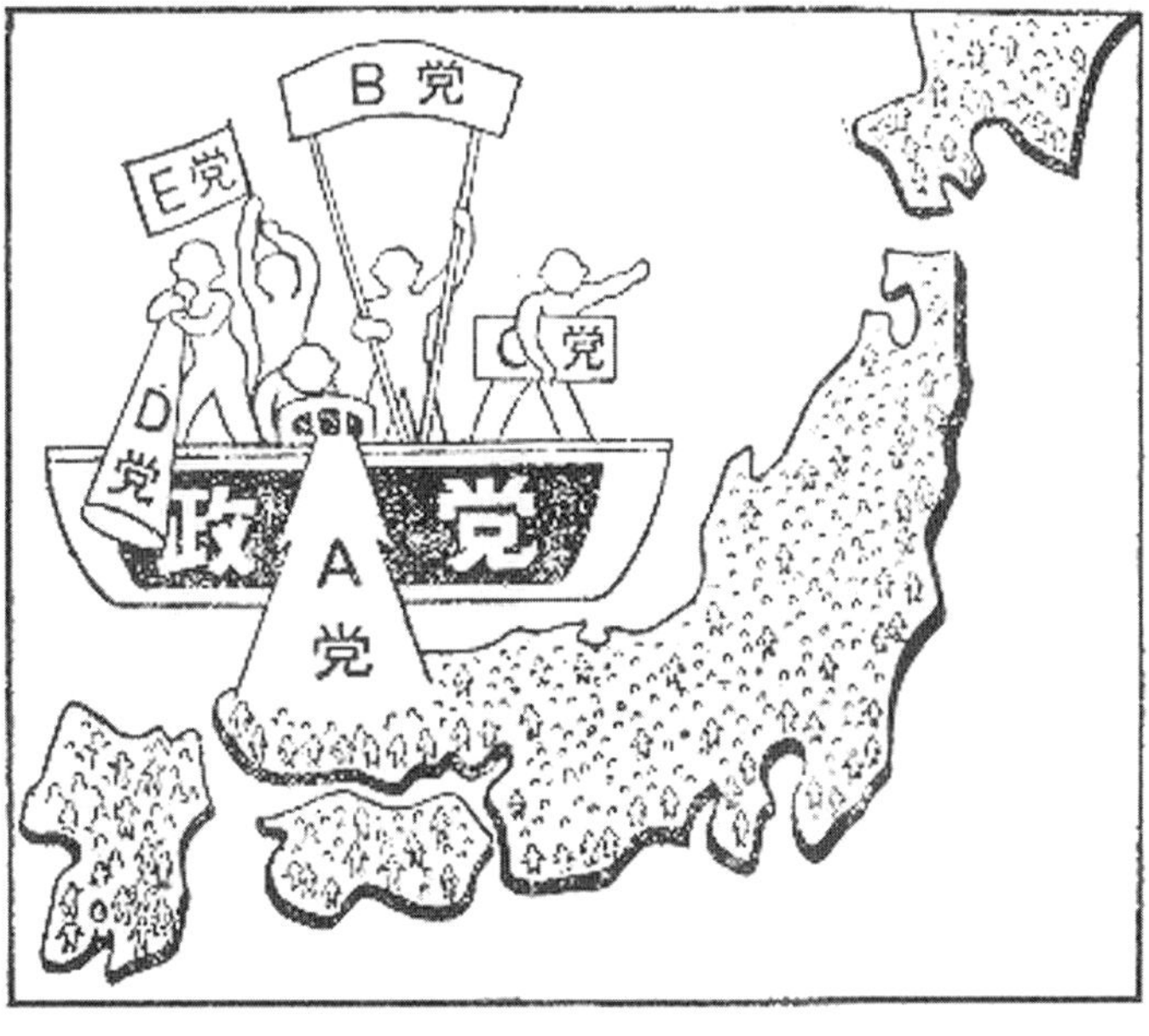

意を申します。そうしてじぶんのやったことについて、國民を代表する國会にたいして、責任を負うのです。これは、内閣総理大臣も、ほかの國務大臣も、みないっしょになって、責任を負うのです。ひとり〳〵べつ〳〵に責任を負うのではありません。これを「連帯して責任を負う」といいます。

また國会のほうでも、内閣がわるいと思えばいつでも「もう内閣を信用しない」ときめることができます。たゞこれは、衆議院だけができることで、参議院はできません。なぜならば、國民のその時々の意見がうつっているのは、衆議院であり、また、選挙のやり直しをして、内閣が、國民に、どっちがよいかをきめてもらうことができるのは、衆議院だけだからです。衆議院が内閣にたいして、「もう内閣を信用しない」ときめることを、「不信任決議」といいます。この不信任決議がきまったときは、内閣は天皇陛下に申しあげ、十日以内に衆議院を解散していただき、選挙のやり直しをして、國民にうったえてきめてもらうか、または辞職するかどちらかになります。また「内閣を信用する」ということ（これを「信任決議」といいます）が、衆議院で反対されて、だめになったときも同じことです。

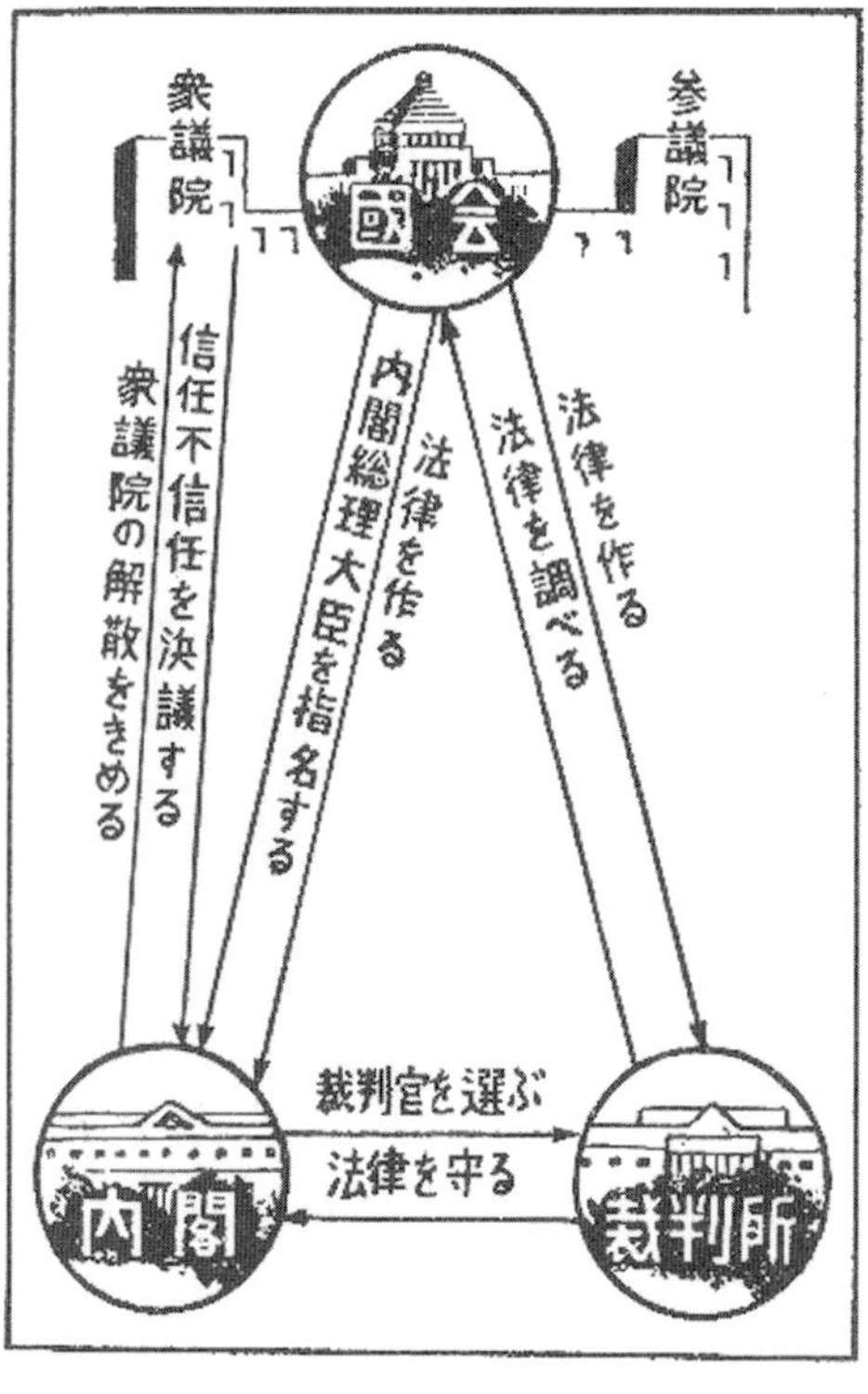

このようにこんどの憲法では、内閣は國会とむすびついて、國会の直接の力で動かされることになっており、國会の政党の勢力の変化で、かわってゆくのです。つまり内閣は、國会の支配の下にあることになりますから、これを「議院内閣制度」とよんでいます。民主主義と、政党内閣と、議院内閣とは、ふかい関係があるのです。

十一　司法

「司法」とは、争いごとをさばいたり、罪があるかないかをきめることです。「裁判」というのも同じはたらきをさすのです。だれでも、じぶんの生命、自由、財産などを守るために、公平な裁判をしてもらうことができます。この司法という國の仕事は、國民にとってはたいへん大事なことで、何よりもまず、公平にさばいたり、きめたりすることがたいせつであります。そこで國には、「裁判所」というものがあって、この司法という仕事をうけもっているのです。

裁判所は、その仕事をやってゆくについて、ただ憲法と國会のつくった法律とにしたがって、公平に裁判をしてゆくものであることを、憲法できめております。ほかからは、いっさい口出しをすることはできないのです。また、裁判をする役目をもっている人、すなわち「裁判官」は、みだりに役目を取りあげられないことになっているのです。これを「司法権の独立」といいます。また、裁判を公平にさせるために、裁判は、だれでも見たりきいたりすることができるのです。これは、國会と同じように、裁判所の仕事が國民の目の前で行われるということです。これも憲法ではっきりときめてあります。

こんどの憲法で、ひじょうにかわったことを、一つ申しておきます。それは、裁判所は、國会でつくった法律が、憲法に合っているかどうかをしらべることができるようになったことです。もし法律が、憲法にきめてあることにちがっていると考えたときは、その法律にしたがわないことができるのです。だから裁判所は、たいへんおもい役目をすることになりました。

みなさん、私たち國民は、國会を、じぶんの代わりをするものと思って、しんらいするとともに、裁判所を、じぶんたちの権利や自由を守ってくれるみかたと思って、そんけいしなければなりません。

十二　財政

みなさんの家に、それ〴〵くらしの立てかたがあるように、國にもくらしの立てかたがあります。これが國の「財政」です。國を治めてゆくのに、どれほど費用がかゝるか、その費用をどうしてとゝのえるか、とゝのえた費用をどういうふうにつかってゆくかというようなことは、みな國の財政です。國の費用は、國民が出さなければなりませんし、また、國の財政がうまくゆくかゆかないかは、たいへん大事なことですから、國民は、はっきりこれを知り、またよく監督してゆかなければなりません。

そこで憲法では、國会が、國民に代わって、この監督の役目をすることにしています。この監督の方法はいろ〳〵ありますが、そのおもなものをいいますと、内閣は、毎年いくらお金がはいって、それをどういうふうにつかうかという見つもりを、國会に出して、きめてもらわなければなりません。それを「予算」といいます。また、つかった費用は、あとで計算して、また國会に出して、しらべてもらわなければなりません。これを「決算」といいます。國民から税金をとるには、國会に出して、きめてもらわなければなりません。内閣は、國会と國民にたいして、少なくとも毎年一回、國の財政が、どうなっているかを、知らさなければなりません。このような方法で、國の財政が、國民と國会とで監督されてゆくのです。

また「会計検査院」という役所があって、國の決算を検査しています。

十三　地方自治

戰爭中は、なんでも「國のため」といって、國民のひとり〳〵のことが、かるく考えられていました。しかし、國は國民のあつまりで、國民のひとり〳〵がよくならなければ、國はよくなりません。それと同じように、日本の國は、たくさんの地方に分かれていますが、その地方が、それ〳〵さかえてゆかなければ、國はさかえてゆきません。そのためには、地方が、それ〳〵じぶんでじぶんのことを治めてゆくのが、いちばんよいのです。なぜならば、地方には、その地方のいろ〳〵な事情があり、その地方に住んでいる人が、いちばんよくこれを知っているからです。じぶんでじぶんのことを自由にやってゆくことを「自治」といいます。それで國の地方ごとに、自治でやらせてゆくことを、「地方自治」というのです。

こんどの憲法では、この地方自治ということをおもくみて、これをはっきりきめています。地方ごとに一つの團体になって、じぶんでじぶんの仕事をやってゆくのです。東京都、北海道、府県、市町村など、みなこの團体です。これを「地方公共團体」といいます。

もし國の仕事のやりかたが、民主主義なら、地方公共團体の仕事のやりかたも、民主主義でなければなりません。地方公共團体は、國のひながたといってもよいでしょう。國に國会があるように、地方公共團体にも、その地方に住む人を代表する「議会」がなければなりません。また、地方公共團体の仕事をする知事や、その他のおもな役目の人も、地方公共團体の議会の議員も、みなその地方に住む人が、じぶんで選挙することに[#「選挙することに」は底本では「選挙すことに」]なりました。

このように地方自治が、はっきり憲法でみとめられましたので、ある一つの地方公共團体だけのことをきめた法律を、國の國会でつくるには、その地方に住む人の意見をきくために、投票をして、その投票の半分以上の賛成がなければできないことになりました。

みなさん、國を愛し國につくすように、じぶんの住んでいる地方を愛し、じぶんの地方のためにつくしましょう。地方のさかえは、國のさかえと思ってください。

十四　改正

「改正」とは、憲法をかえることです。憲法は、まえにも申しましたように、國の規則の中でいちばん大事なものですから、これをかえる手つづきは、げんじゅうにしておかなければなりません。

そこでこんどの憲法では、憲法を改正するときは、國会だけできめずに、國民が、賛成か反対かを投票してきめることにしました。

まず、國会の一つの議院で、ぜんたいの議員の三分の二以上の賛成で、憲法をかえることにきめます。これを、憲法改正の「発議」というのです。それからこれを國民に示して、賛成か反対かを投票してもらいます。そうしてぜんぶの投票の半分以上が賛成したとき、はじめて憲法の改正を、國民が承知したことになります。これを國民の「承認」といいます。國民の承認した改正は、天皇陛下が國民の名で、これを國に発表されます。これを改正の「公布」といいます。あたらしい憲法は、國民がつくったもので、國民のものですか

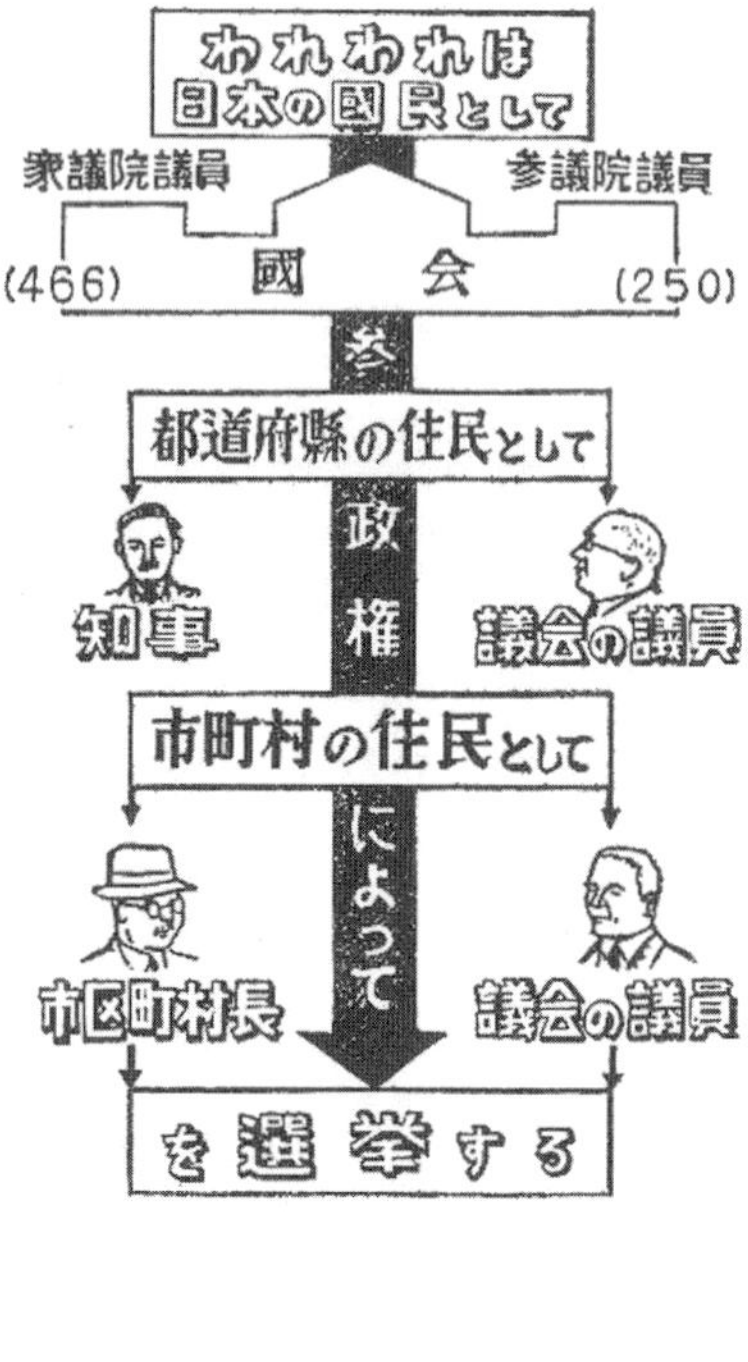

ら、これをかえたときも、國民の名義で発表するのです。

十五　最高法規

このおはなしのいちばんはじめに申しましたように、「最高法規」とは、國でいちばん高い位にある規則で、つまり憲法のことです。この最高法規としての憲法には、國の仕事のやりかたをきめた規則と、國民の基本的人権をきめた規則と、二つあることもおはなししました。この中で、國民の基本的人権は、これまでかるく考えられていましたので、憲法第九十七條は、おごそかなことばで、この基本的人権は、人間がながいあいだ力をつくしてえたものであり、これまでいろ〳〵のことにであってきたえあげられたものであるから、これからもけっして侵すことのできない永久の権利であると記しております。

憲法は、國の最高法規ですから、この憲法できめられてあることにあわないものは、法律でも、命令でも、なんでも、いっさい規則としての力がありません。これも憲法がはっきりきめています。

このように大事な憲法は、天皇陛下もこれをお守りになりますし、國務大臣も、國会の議員も、裁判官も、みなこれを守ってゆく義務があるのです。また、日本の國がほかの國ととりきめた約束（これを「條約」といいます）も、國と國とが交際してゆくについてできた規則（これを「國際法規」といいます）も、日本の國は、まごころから守ってゆくということを、憲法できめました。

みなさん、あたらしい憲法は、日本國民がつくった、日本國民の憲法です。これからさき、この憲法を守って、日本の國がさかえるようにしてゆこうではありませんか。

おわり

大日本帝國憲法

教育勅語

軍人勅諭

太平洋戦争の宣戦詔書／日露戦争の宣戦詔書／日清戦争の宣戦詔書

幕末・明治維新以降の主な戦争

戦後の世界における戦争・紛争

大日本帝國憲法

一八八九（明治二十二）年二月十一日公布
一八九〇（明治二十三）年十一月二十九日施行

第一章　天皇

第一條　大日本帝國ハ萬世一系ノ天皇之ヲ統治ス
第二條　皇位ハ皇室典範ノ定ムル所ニ依リ皇男子孫之ヲ繼承ス
第三條　天皇ハ神聖ニシテ侵スヘカラス
第四條　天皇ハ國ノ元首ニシテ統治權ヲ總攬シ此ノ憲法ノ條規ニ依リ之ヲ行フ
第五條　天皇ハ帝國議會ノ協贊ヲ以テ立法權ヲ行フ
第六條　天皇ハ法律ヲ裁可シ其ノ公布及執行ヲ命ス
第七條　天皇ハ帝國議會ヲ召集シ其ノ開會閉會停會及衆議院ノ解散ヲ命ス
第八條　天皇ハ公共ノ安全ヲ保持シ又ハ其ノ災厄ヲ避クル爲緊急ノ必要ニ由リ帝國議會閉會ノ場合ニ於テ法律ニ代ルヘキ勅令ヲ發ス
此ノ勅令ハ次ノ會期ニ於テ帝國議會ニ提出スヘシ若議會ニ於テ承諾セサルトキハ政府ハ將來ニ向テ其ノ効力ヲ失フコトヲ公布スヘシ
第九條　天皇ハ法律ヲ執行スル爲ニ又ハ公共ノ安寧秩序ヲ保持シ及臣民ノ幸福ヲ增進スル爲ニ必要ナル命令ヲ發シ又ハ發セシム但シ命令ヲ以テ法律ヲ變更スルコトヲ得ス
第十條　天皇ハ行政各部ノ官制及文武官ノ俸給ヲ定メ及文武官ヲ任免ス但シ此ノ憲法又ハ他ノ法律ニ特例ヲ掲

ケタルモノハ各々其ノ條項ニ依ル
第十一條　天皇ハ陸海軍ヲ統帥ス
第十二條　天皇ハ陸海軍ノ編制及常備兵額ヲ定ム
第十三條　天皇ハ戰ヲ宣シ和ヲ講シ及諸般ノ條約ヲ締結ス
第十四條　天皇ハ戒嚴ヲ宣告ス
戒嚴ノ要件及効力ハ法律ヲ以テ之ヲ定ム
第十五條　天皇ハ爵位勳章及其ノ他ノ榮典ヲ授與ス
第十六條　天皇ハ大赦特赦減刑及復權ヲ命ス
第十七條　攝政ヲ置クハ皇室典範ノ定ムル所ニ依ル
攝政ハ天皇ノ名ニ於テ大權ヲ行フ

第二章　臣民權利義務

第十八條　日本臣民タルノ要件ハ法律ノ定ムル所ニ依ル
第十九條　日本臣民ハ法律命令ノ定ムル所ノ資格ニ應シ均ク文武官ニ任セラレ及其ノ他ノ公務ニ就クコトヲ得
第二十條　日本臣民ハ法律ノ定ムル所ニ從ヒ兵役ノ義務ヲ有ス
第二十一條　日本臣民ハ法律ノ定ムル所ニ從ヒ納稅ノ義務ヲ有ス
第二十二條　日本臣民ハ法律ノ範圍内ニ於テ居住及移轉ノ自由ヲ有ス
第二十三條　日本臣民ハ法律ニ依ルニ非スシテ逮捕監禁審問處罰ヲ受クルコトナシ
第二十四條　日本臣民ハ法律ニ定メタル裁判官ノ裁判ヲ受クルノ權ヲ奪ハルヽコトナシ
第二十五條　日本臣民ハ法律ニ定メタル場合ヲ除ク外其ノ許諾ナクシテ住所ニ侵入セラレ及捜索セラルヽコト

ナシ
第二十六條　日本臣民ハ法律ニ定メタル場合ヲ除ク外信書ノ祕密ヲ侵サルヽコトナシ
第二十七條　日本臣民ハ其ノ所有權ヲ侵サルヽコトナシ
公益ノ爲必要ナル處分ハ法律ノ定ムル所ニ依ル
第二十八條　日本臣民ハ安寧秩序ヲ妨ケス及臣民タルノ義務ニ背カサル限ニ於テ信教ノ自由ヲ有ス
第二十九條　日本臣民ハ法律ノ範圍内ニ於テ言論著作印行集會及結社ノ自由ヲ有ス
第三十條　日本臣民ハ相當ノ敬禮ヲ守リ別ニ定ムル所ノ規程ニ從ヒ請願ヲ爲スコトヲ得
第三十一條　本章ニ掲ケタル條規ハ戰時又ハ國家事變ノ場合ニ於テ天皇大權ノ施行ヲ妨クルコトナシ
第三十二條　本章ニ掲ケタル條規ハ陸海軍ノ法令又ハ紀律ニ牴觸セサルモノニ限リ軍人ニ準行ス

第三章　帝國議會

第三十三條　帝國議會ハ貴族院衆議院ノ兩院ヲ以テ成立ス
第三十四條　貴族院ハ貴族院令ノ定ムル所ニ依リ皇族華族及勅任セラレタル議員ヲ以テ組織ス
第三十五條　衆議院ハ選擧法ノ定ムル所ニ依リ公選セラレタル議員ヲ以テ組織ス
第三十六條　何人モ同時ニ兩議院ノ議員タルコトヲ得ス
第三十七條　凡テ法律ハ帝國議會ノ協贊ヲ經ルヲ要ス
第三十八條　兩議院ハ政府ノ提出スル法律案ヲ議決シ及各々法律案ヲ提出スルコトヲ得
第三十九條　兩議院ノ一ニ於テ否決シタル法律案ハ同會期中ニ於テ再ヒ提出スルコトヲ得ス
第四十條　兩議院ハ法律又ハ其ノ他ノ事件ニ付各々其ノ意見ヲ政府ニ建議スルコトヲ得但シ其ノ採納ヲ得サルモノハ同會期中ニ於テ再ヒ建議スルコトヲ得ス

第四十一條　帝國議會ハ毎年之ヲ召集ス
第四十二條　帝國議會ハ三箇月ヲ以テ會期トス必要アル場合ニ於テハ勅命ヲ以テ之ヲ延長スルコトアルヘシ
第四十三條　臨時緊急ノ必要アル場合ニ於テ常會ノ外臨時會ヲ召集スヘシ
臨時會ノ會期ヲ定ムルハ勅命ニ依ル
第四十四條　帝國議會ノ開會閉會會期ノ延長及停會ハ兩院同時ニ之ヲ行フヘシ衆議院解散ヲ命セラレタルトキハ貴族院ハ同時ニ停會セラルヘシ
第四十五條　衆議院解散ヲ命セラレタルトキハ勅命ヲ以テ新ニ議員ヲ選擧セシメ解散ノ日ヨリ五箇月以内ニ之ヲ召集スヘシ
第四十六條　兩議院ハ各々其ノ總議員三分ノ一以上出席スルニ非サレハ議事ヲ開キ議決ヲ爲スコトヲ得ス
第四十七條　兩議院ノ議事ハ過半數ヲ以テ決ス可否同數ナルトキハ議長ノ決スル所ニ依ル
第四十八條　兩議院ノ會議ハ公開ス但シ政府ノ要求又ハ其ノ院ノ決議ニ依リ祕密會ト爲スコトヲ得
第四十九條　兩議院ハ各々天皇ニ上奏スルコトヲ得
第五十條　兩議院ハ臣民ヨリ呈出スル請願書ヲ受クルコトヲ得
第五十一條　兩議院ハ此ノ憲法及議院法ニ掲クルモノヽ外内部ノ整理ニ必要ナル諸規則ヲ定ムルコトヲ得
第五十二條　兩議院ノ議員ハ議院ニ於テ發言シタル意見及表決ニ付院外ニ於テ責ヲ負フコトナシ但シ議員自ラ其ノ言論ヲ演説刊行筆記又ハ其ノ他ノ方法ヲ以テ公布シタルトキハ一般ノ法律ニ依リ處分セラルヘシ
第五十三條　兩議院ノ議員ハ現行犯罪又ハ内亂外患ニ關ル罪ヲ除ク外會期中其ノ院ノ許諾ナクシテ逮捕セラルヽコトナシ
第五十四條　國務大臣及政府委員ハ何時タリトモ各議院ニ出席シ及發言スルコトヲ得

第四章　國務大臣及樞密顧問

第五十五條　國務各大臣ハ天皇ヲ輔弼シ其ノ責ニ任ス
凡テ法律勅令其ノ他國務ニ關ル詔勅ハ國務大臣ノ副署ヲ要ス
第五十六條　樞密顧問ハ樞密院官制ノ定ムル所ニ依リ天皇ノ諮詢ニ應ヘ重要ノ國務ヲ審議ス

第五章　司　法

第五十七條　司法權ハ天皇ノ名ニ於テ法律ニ依リ裁判所之ヲ行フ
裁判所ノ構成ハ法律ヲ以テ之ヲ定ム
第五十八條　裁判官ハ法律ニ定メタル資格ヲ具フル者ヲ以テ之ニ任ス
裁判官ハ刑法ノ宣告又ハ懲戒ノ處分ニ由ルノ外其ノ職ヲ免セラル、コトナシ
懲戒ノ條規ハ法律ヲ以テ之ヲ定ム
第五十九條　裁判ノ對審判決ハ之ヲ公開ス但シ安寧秩序又ハ風俗ヲ害スルノ虞アルトキハ法律ニ依リ又ハ裁判所ノ決議ヲ以テ對審ノ公開ヲ停ムルコトヲ得
第六十條　特別裁判所ノ管轄ニ屬スヘキモノハ別ニ法律ヲ以テ之ヲ定ム
第六十一條　行政官廳ノ違法處分ニ由リ權利ヲ傷害セラレタリトスルノ訴訟ニシテ別ニ法律ヲ以テ定メタル行政裁判所ノ裁判ニ屬スヘキモノハ司法裁判所ニ於テ受理スルノ限ニ在ラス

第六章　會　計

第六十二條　新ニ租税ヲ課シ及税率ヲ變更スルハ法律ヲ以テ之ヲ定ムヘシ
但シ報償ニ屬スル行政上ノ手數料及其ノ他ノ收納金ハ前項ノ限ニ在ラス
國債ヲ起シ及豫算ニ定メタルモノヲ除ク外國庫ノ負擔トナルヘキ契約ヲ爲スハ帝國議會ノ協贊ヲ經ヘシ
第六十三條　現行ノ租税ハ更ニ法律ヲ以テ之ヲ改メサル限ハ舊ニ依リ之ヲ徴收ス
第六十四條　國家ノ歳出歳入ハ毎年豫算ヲ以テ帝國議會ノ協贊ヲ經ヘシ豫算ノ款項ニ超過シ又ハ豫算ノ外ニ生シタル支出アルトキハ後日帝國議會ノ承諾ヲ求ムルヲ要ス
第六十五條　豫算ハ前ニ衆議院ニ提出スヘシ
第六十六條　皇室經費ハ現在ノ定額ニ依リ毎年國庫ヨリ之ヲ支出シ將來增額ヲ要スル場合ヲ除ク外帝國議會ノ協贊ヲ要セス
第六十七條　憲法上ノ大權ニ基ツケル既定ノ歳出及法律ノ結果ニ由リ又ハ法律上政府ノ義務ニ屬スル歳出ハ政府ノ同意ナクシテ帝國議會之ヲ廢除シ又ハ削減スルコトヲ得ス
第六十八條　特別ノ須要ニ因リ政府ハ豫メ年限ヲ定メ繼續費トシテ帝國議會ノ協贊ヲ求ムルコトヲ得
第六十九條　避クヘカラサル豫算ノ不足ヲ補フ爲ニ又ハ豫算ノ外ニ生シタル必要ノ費用ニ充ツル爲ニ豫備費ヲ設クヘシ
第七十條　公共ノ安全ヲ保持スル爲緊急ノ需用アル場合ニ於テ内外ノ情形ニ因リ政府ハ帝國議會ヲ召集スルコト能ハサルトキハ勅令ニ依リ財政上必要ノ處分ヲ爲スコトヲ得
前項ノ場合ニ於テハ次ノ會期ニ於テ帝國議會ニ提出シ其ノ承諾ヲ求ムルヲ要ス
第七十一條　帝國議會ニ於テ豫算ヲ議定セス又ハ豫算成立ニ至ラサルトキハ政府ハ前年度ノ豫算ヲ施行スヘシ

第七十二條　國家ノ歳出歳入ノ決算ハ會計檢査院之ヲ檢査確定シ政府ハ其ノ檢査報告ト倶ニ之ヲ帝國議會ニ提出スヘシ
會計檢査院ノ組織及職權ハ法律ヲ以テ之ヲ定ム

第七章　補　則

第七十三條　將來此ノ憲法ノ條項ヲ改正スルノ必要アルトキハ勅命ヲ以テ議案ヲ帝國議會ノ議ニ付スヘシ
此ノ場合ニ於テ兩議院ハ各々其ノ總員三分ノ二以上出席スルニ非サレハ議事ヲ開クコトヲ得ス出席議員三分ノ二以上ノ多數ヲ得ルニ非サレハ改正ノ議決ヲ爲スコトヲ得ス
第七十四條　皇室典範ノ改正ハ帝國議會ノ議ヲ經ルヲ要セス皇室典範ヲ以テ此ノ憲法ノ條規ヲ變更スルコトヲ得ス
第七十五條　憲法及皇室典範ハ攝政ヲ置クノ間之ヲ變更スルコトヲ得ス
第七十六條　法律規則命令又ハ何等ノ名稱ヲ用ヰタルニ拘ラス此ノ憲法ニ矛盾セサル現行ノ法令ハ總テ遵由ノ効力ヲ有ス
歳出上政府ノ義務ニ係ル現在ノ契約又ハ命令ハ總テ第六十七條ノ例ニ依ル

教育勅語

朕惟フニ我カ皇祖皇宗國ヲ肇ムルコト宏遠ニ德ヲ樹ツルコト深厚ナリ
我カ臣民克ク忠ニ克ク孝ニ億兆心ヲ一ニシテ世世厥ノ美ヲ濟セルハ此レ我カ國體ノ精華ニシテ教育ノ淵源亦實ニ此ニ存ス
爾臣民父母ニ孝ニ兄弟ニ友ニ夫婦相和シ朋友相信シ恭儉己レヲ持シ博愛衆ニ及ホシ學ヲ修メ業ヲ習ヒ以テ智能ヲ啓發シ德器ヲ成就シ進テ公益ヲ廣メ世務ヲ開キ常ニ國憲ヲ重シ國法ニ遵ヒ一旦緩急アレハ義勇公ニ奉シ以テ天壤無窮ノ皇運ヲ扶翼スヘシ
是ノ如キハ獨リ朕カ忠良ノ臣民タルノミナラス又以テ爾祖先ノ遺風ヲ顯彰スルニ足ラン
斯ノ道ハ實ニ我カ皇祖皇宗ノ遺訓ニシテ子孫臣民ノ倶ニ遵守スヘキ所之ヲ古今ニ通シテ謬ラス之ヲ中外ニ施シテ悖ラス朕爾臣民ト倶ニ拳々服膺シテ咸其德ヲ一ニセンコトヲ庶幾フ

明治二十三年十月三十日

御名御璽

軍人勅諭

陸海軍軍人に賜はりたる勅諭（軍人勅諭）我國の軍隊は世々天皇の統率し給ふ所にそある昔神武天皇躬つから大伴物部の兵ともを率ゐ中國のまつろはぬものともを討ち平け給ひ高御座に即かせられて天下しろしめし給ひしより二千五百有餘年を經ぬ此間世の様の移り換るに隨ひて兵制の沿革も亦屢なりき古は天皇躬つから軍隊を率ゐ給ふ御制にて時ありては皇后皇太子の代らせ給ふこともありつれと大凡兵權を臣下に委ね給ふことはなかりき中世に至りて文武の制度皆唐國風に傚はせ給ひ六衞府を置き左右馬寮を建て防人なと設けられしかは兵制は整ひたれとも打續ける昇平に狃れて朝廷の政務も漸文弱に流れけれは兵農おのつから二に分れ古の徴兵はいつとなく壯兵の姿に變り遂に武士となり兵馬の權は一向に其武士ともの棟梁たる者に歸し世の亂と共に政治の大權も亦其手に落ち凡七百年の間武家の政治とはなりぬ世の様の移り換りて斯なれるは人力もて挽回すへきにあらすとはいひなから且は我國體に戻り且は我祖宗の御制に背き奉り浅間しき次第なりき降りて弘化嘉永の頃より徳川の幕府其政衰へ剰外國の事とも起りて其侮をも受けぬへき勢に迫りけれは朕か皇祖仁孝天皇皇考孝明天皇いたく宸襟を惱し給ひしこそ忝くも又惶けれ然るに朕幼くして天津日嗣を受けし初征夷大将軍其政權を返上し大名小名其版籍を奉還し年を經すして海内一統の世となり古の制度に復しぬ是文武の忠臣良弼ありて朕を輔翼せる功績なり歴世祖宗の専蒼生を憐み給ひし御遺澤なりといへとも併我臣民の其心に順逆の理を辨へ大義の重きを知れるか故にこそあれされは此時に於て兵制を更め我國の光を耀さんと思ひ此十五年か程に陸海軍の制をは今の様に建定めぬ夫兵馬の大權は朕か統ふる所なれは其司々をこそ臣下には任すなれ其大綱は朕親之を攬り肯て臣下に委ぬへきものにあらす子々孫々に至るまで篤く斯旨を傳へ天子は文武の大權を掌握するの義を存して再中世以降の如き失體なからんことを望むなり朕は汝等軍人の大元帥なるそされは朕は汝等を股肱と頼み汝等は朕を頭首と仰きてそ其親は特に深かるへき朕か國家を保護して上天の惠に應し祖宗の恩に報いまゐ

らすする事を得るも得さるも汝等軍人か其職を盡すと盡さゝるとに由るそかし我國の稜威振はさることあらは汝等能く朕と其憂を共にせよ我武維揚りて其榮を耀さは朕汝等と其譽を偕にすへし汝等皆其職を守り朕と一心になりて力を國家の保護に盡さは我國の蒼生は永く太平の福を受け我國の威烈は大に世界の光華ともなりぬへし朕斯も深く汝等軍人に望むなれは猶訓諭すへき事こそあれいてや之を左に述へむ

一　軍人は忠節を盡すを本分とすへし凡生を我國に稟くるもの誰かは國に報ゆるの心なかるへき況して軍人たらん者は此心の固からては物の用に立ち得へしとも思はれす軍人にして報國の心堅固ならさるは如何程技藝に熟し學術に長するも猶偶人にひとしかるへし其隊伍も整ひ節制も正くとも忠節を存せさる軍隊は事に臨みて烏合の衆に同かるへし抑國家を保護し國權を維持するは兵力に在れは兵力の消長は是國運の盛衰なることを辨へ世論に惑はす政治に拘らす只々一途に己か本分の忠節を守り義は山嶽よりも重く死は鴻毛よりも輕しと覺悟せよ其操を破りて不覺を取り汚名を受くるなかれ

一　軍人は禮儀を正くすへし凡軍人には上元帥より下一卒に至るまて其間に官職の階級ありて統屬するのみならす同列同級とても停年に新舊あれは新任の者は舊任のものに服從すへきものそ下級のものは上官の命を承ること實は直に朕か命を承る義なりと心得よ己か隷屬する所にあらすとも上級の者は勿論停年の己より舊きものに對しては總へて敬禮を盡すへし又上級の者は下級のものに向ひ聊も輕侮驕傲の振舞あるへからす公務の爲に威嚴を主とする時は格別なれとも其外は務めて懇に取扱ひ慈愛を專一と心掛け上下一致して王事に勤勞せよ若軍人たるものにして禮儀を紊り上を敬はす下を惠ますして一致の和諧を失ひたらんには啻に軍隊の蠹毒たるのみかは國家の爲にもゆるし難き罪人なるへし

一　軍人は武勇を尚ふへし夫武勇は我國にては古よりいとも貴へる所なれは我國の臣民たらんもの武勇なく

ては叶ふまし況して軍人は戰に臨み敵に當るの職なれは片時も武勇を忘れてよかるへきかさはあれ武勇には大勇あり小勇ありて同からす血氣にはやり粗暴の振舞なとせんは武勇とは謂ひ難し軍人たらむものは常に能く義理を辨へ能く膽力を練り思慮を殫して事を謀るへし小敵たりとも侮らす大敵たりとも懼れす己か武職を盡さむこそ誠の大勇にはあれされは武勇を尚ふものは常々人に接るには温和を第一とし諸人の愛敬を得むと心掛けよ由なき勇を好みて猛威を振ひたらは果は世人も忌嫌ひて豺狼なとの如く思ひなむ心すへきことにこそ

一　軍人は信義を重んすへし凡信義を守ること常の道にはあれとわきて軍人は信義なくては一日も隊伍の中に交りてあらんこと難かるへし信とは己か言を踐行ひ義とは己か分を盡すをいふなりされは信義を盡さむと思はゝ始より其事の成し得へきか得へからさるかを審に思考すへし朧氣なる事を假初に諾ひてよしなき關係を結ひ後に至りて信義を立てんとすれは進退谷りて身の措き所に苦むことあり悔ゆとも其詮なし始に能々事の順逆を辨へ理非を考へ其言は所詮踐むへからすと知り其義はとても守るへからすと悟りなは速に止るこそよけれ古より或は小節の信義を立てんとて大綱の順逆を誤り或は公道の理非に踏迷ひて私情の信義を守りあたら英雄豪傑ともか禍に遭ひ身を滅し屍の上の汚名を後世まて遺せること其例尠からぬものを深く警めてやはあるへき

一　軍人は質素を旨とすへし凡質素を旨とせされは文弱に流れ輕薄に趨り驕奢華靡の風を好み遂には貪汚に陷りて志も無下に賤くなり節操も武勇も其甲斐なく世人に爪はしきせらるゝ迄に至りぬへし其身生涯の不幸なりといふも中々愚なり此風一たひ軍人の間に起りては彼の傳染病の如く蔓延し士風も兵氣も頓に衰へぬへきこと明なり朕深く之を懼れて曩に免黜條例を施行し畧此事を誡め置きつれと猶も其悪習の出んことを憂ひて心安からねは故に又之を訓ふるそかし汝等軍人ゆめ此訓誡を等閑にな思ひそ右の五ヶ條は軍人たらんもの暫も忽にすへからすさて之を行はんには一の誠心こそ大切なれ抑此五ヶ條は我軍人の精神にして一の誠心は又五ヶ條の精神なり心誠ならされは如何なる嘉言も善行も皆うはへの装飾にて何の用にかは立つへき心たに誠あれは何事

も成るものそかし況してや此五ヶ條は天地の公道人倫の常經なり行ひ易く守り易し汝等軍人能く朕か訓に遵ひて此道を守り行ひ國に報ゆるの務を盡さは日本國の蒼生擧りて之を悦ひなん朕一人の懌のみならんや

明治十五年一月四日御名

太平洋戦争の宣戦詔書

天佑ヲ保有シ萬世一系ノ皇祚ヲ踐メル大日本帝國天皇ハ昭ニ忠誠勇武ナル汝有衆ニ示ス

朕茲ニ米國及英國ニ対シテ戰ヲ宣ス朕カ陸海將兵ハ全力ヲ奮テ交戰ニ從事シ朕カ百僚有司ハ勵精職務ヲ奉行シ朕カ衆庶ハ各々其ノ本分ヲ盡シ億兆一心國家ノ總力ヲ擧ケテ征戰ノ目的ヲ達成スルニ遺算ナカラムコトヲ期セヨ

抑々東亞ノ安定ヲ確保シ以テ世界ノ平和ニ寄與スルハ丕顕ナル皇祖考丕承ナル皇考ノ作述セル遠猷ニシテ朕カ拳々措カサル所而シテ列國トノ交誼ヲ篤クシ萬邦共榮ノ樂ヲ偕ニスルハ之亦帝國カ常ニ國交ノ要義ト爲ス所ナリ今ヤ不幸ニシテ米英両國ト釁端ヲ開クニ至ル洵ニ已ムヲ得サルモノアリ豈朕カ志ナラムヤ中華民國政府曩ニ帝國ノ眞意ヲ解セス濫ニ事ヲ構ヘテ東亞ノ平和ヲ攪亂シ遂ニ帝國ヲシテ干戈ヲ執ルニ至ラシメ茲ニ四年有餘ヲ經タリ幸ニ國民政府更新スルアリ帝國ハ之ト善隣ノ誼ヲ結ヒ相提携スルニ至レルモ重慶ニ殘存スル政權ハ米英ノ庇蔭ヲ恃ミテ兄弟尚未タ牆ニ相鬩クヲ悛メス米英両國ハ殘存政權ヲ支援シテ東亞ノ禍亂ヲ助長シ平和ノ美名ニ匿レテ東洋制覇ノ非望ヲ逞ウセムトス剰ヘ與國ヲ誘ヒ帝國ノ周邊ニ於テ武備ヲ増強シテ我ニ挑戰シ更ニ帝國ノ平和的通商ニ有ラユル妨害ヲ與ヘ遂ニ經濟斷交ヲ敢テシ帝國ノ生存ニ重大ナル脅威ヲ加フ朕ハ政府ヲシテ事態ヲ平和ノ裡ニ囘復セシメムトシ隱忍久シキニ彌リタルモ彼ハ毫モ交讓ノ精神ナク徒ニ時局ノ解決ヲ遷延セシメテ此ノ間却ツテ益々經濟上軍事上ノ脅威ヲ増大シ以テ我ヲ屈從セシメムトス斯ノ如クニシテ推移セムカ東亞安定ニ關スル帝國積年ノ努力ハ悉ク水泡ニ帰シ帝國ノ存立亦正ニ危殆ニ瀕セリ事既ニ此ニ至ル帝國ハ今ヤ自存自衞ノ爲蹶然起ツテ一切ノ障礙ヲ破碎スルノ外ナキナリ

皇祖皇宗ノ神靈上ニ在リ朕ハ汝有衆ノ忠誠勇武ニ信倚シ祖宗ノ遺業ヲ恢弘シ速ニ禍根ヲ芟除シテ東亞永遠ノ平和ヲ確立シ以テ帝國ノ光榮ヲ保全セムコトヲ期ス

御　名　御　璽

昭和十六年十二月八日

各国務大臣副署

【口語訳】

神々のご加護を保有し、万世一系の皇位を継ぐ大日本帝国天皇は、忠実で勇敢な汝ら臣民にはっきりと示す。私はここに、米国及び英国に対して宣戦を布告する。私の陸海軍将兵は、全力を奮って交戦に従事し、私のすべての政府関係者はつとめに励んで職務に身をささげ、私の国民はおのおのその本分をつくし、一億の心をひとつにして国家の総力を挙げこの戦争の目的を達成するために手ちがいのないようにせよ。そもそも、東アジアの安定を確保して、世界の平和に寄与する事は、大いなる明治天皇と、その偉大さを受け継がれた大正天皇が構想されたことで、遠大なはかりごととして、私が常に心がけている事である。そして、各国との交流を篤くし、万国の共栄の喜びをともにすることは、帝国の外交の要としているところである。今や、不幸にして、米英両国と争いを開始するにいたった。まことにやむをえない事態となった。このような事態は、私の本意ではない。中華民国政府は、以前より我が帝国の真意を理解せず、みだりに闘争を起こし、東アジアの平和を乱し、ついに帝国に武器をとらせる事態にいたらしめ、もう四年以上経過している。さいわいに国民政府は南京政府に新たに変わった。帝国はこの政府と、善隣の誼（よしみ）を結びともに提携するようになったが、重慶に残存する蒋介石の政権は、米英の庇護を当てにし、兄弟である南京政府と、いまだに相互のせめぎあう姿勢を改めない。米英両国は、残存する蒋介石政権を支援し、アジアの混乱を助長し、平和の美名にかくれて、東洋を征服する非道な野望をたくましくしている。あまつさえ、くみする国々を誘い、帝国の周辺において、軍備を増強し、わが国に挑戦し、更に帝国の平和的通商にあらゆる妨害を与へ、ついには意図的に経済断行をして、帝国の生存に重大なる脅威を加えている。私は政府に事態を平和の裡（うち）に解決させようとし、長い間、忍耐してきたが、米英は、少しも互いに譲り合う精神がなく、むやみに事態の解決を遅らせようとし、その間にもますます、経済上・軍事上の脅威を増大し続け、それによって我が国を屈服させようとしている。このような事態がこのまま続けば、東アジアの安定に関して我が帝国がはらってきた積年の努力は、ことごとく水の泡となり、帝国の存立も、まさに危機に瀕することになる。ことここに至っては、我が帝国は今や、自存と自衛の為に、決然と立上がり、一切の障害を破砕する以外にない。皇祖皇宗の神霊をいただき、私は、汝ら国民の忠誠と武勇を信頼し、祖先の遺業を押し広め、すみやかに禍根をとり除き、東アジアに永遠の平和を確立し、それによって帝国の光栄の保全を期すものである。

日露戦争の宣戦詔書

天佑ヲ保有シ萬世一系ノ皇祚ヲ践メル大日本国皇帝ハ忠実勇武ナル汝有衆ニ示ス
朕茲ニ露国ニ対シテ戦ヲ宣ス朕カ陸海軍ハ宜ク全力ヲ極メテ露国ト交戦ノ事ニ従フヘク朕カ百僚有司ハ宜ク各々其ノ職務ニ率ヒ其ノ権能ニ応シテ国家ノ目的ヲ達スルニ努カスヘシ凡ソ国際条規ノ範囲ニ於テ一切ノ手段ヲ尽シ遺算ナカラムコトヲ期セヨ
惟フニ文明ヲ平和ニ求メ列国ト友誼ヲ篤クシテ以テ東洋ノ治安ヲ永遠ニ維持シ各国ノ権利利益ヲ損傷セスシテ永ク帝国ノ安全ヲ将来ニ保障スヘキ事態ヲ確立スルハ朕夙ニ以テ国交ノ要義ト為シ旦暮敢テ違ハサラムコトヲ期ス朕カ有司モ亦能ク朕カ意ヲ体シテ事ニ従ヒ列国トノ関係年ヲ逐フテ益々親厚ニ赴クヲ見ル今不幸ニシテ露国ト釁端ヲ開クニ至ル豈朕カ志ナラムヤ
帝国ノ重ヲ韓国ノ保全ニ置クヤ一日ノ故ニ非ス是レ両国累世ノ関係ニ因ルノミナラス韓国ノ存亡ハ実ニ帝国安危ノ繋ル所タレハナリ然ルニ露国ハ其ノ清国トノ明約及列国ニ対スル累次ノ宣言ニ拘ハラス依然満洲ニ占拠シ益々其ノ地歩ヲ鞏固ニシテ終ニ之ヲ併呑セムトス
若シ満洲ニシテ露国ノ領有ニ帰セン乎韓国ノ保全ハ支持スルニ由ナク極東ノ平和亦素ヨリ望ムヘカラス故ニ朕ハ此ノ機ニ際シ切ニ妥協ニ由テ時局ヲ解決シ以テ平和ヲ恒久ニ維持セムコトヲ期シ有司ヲシテ露国ニ提議シ半歳ノ久シキニ亙リテ屡次折衝ヲ重ネシメタルモ露国ハ一モ交譲ノ精神ヲ以テ之ヲ迎ヘス
曠日弥久徒ニ時局ノ解決ヲ遷延セシメ陽ニ平和ヲ唱道シ陰ニ海陸ノ軍備ヲ増大シ以テ我ヲ屈従セシメムトス凡ソ露国カ始ヨリ平和ヲ好愛スルノ誠意ナルモノ毫モ認ムルニ由ナシ露国は既に帝国の提議ヲ容レス韓国ノ安全ハ方ニ危急ニ瀕シ帝国ノ国利ハ将ニ侵迫セラレムトス
事既ニ茲ニ至ル帝国カ平和ノ交渉ニ依リ求メムトシタル将来ノ保障ハ今日之ヲ旗鼓ノ間ニ求ムルノ外ナシ朕

ハ汝有衆ノ忠実勇武ナルニ倚頼シ速ニ平和ヲ永遠ニ克復シ以テ帝国ノ光榮ヲ保全セムコトヲ期ス

御　名　御　璽

明治三十七年二月十日

【口語訳】

天の助けによって先祖代々皇位を継承してきた家系に属する大日本国の皇帝は、忠実にして勇敢な汝ら国民に以下のことを知らせる。朕はこの文書で、ロシアに対する戦争を行うことを布告する。朕の陸軍と海軍は、ぜひとも全力をつくしてロシアと戦ってほしい。また朕のすべての部下らは、それぞれの職務や権限に応じて国家の目的が達成されるように努力してほしい。国際的な条約や規範の範囲で、あらゆる手段をつくして誤ちのないように心がけよ。朕の考えは、文明を平和的なやりかたで発展させ、諸外国との友好関係を促進することによって、アジアの安定を永遠に維持し、また、各国の権利や利益を損なわないようにしながら、末永く日本帝国の将来の安全が保障されるような状況を確立することにある。これは朕が他国と交渉する際に最も重視していることがらで、常にこうした考えに違反しないよう心がけてきた。朕の部下らも、こうした朕の意思に従ってさまざまな事柄を処理してきたので、外国との関係は年がたつにつれてますます厚い親交を結ぶに至っている。今、不幸なことにロシアと戦う事になったが、これは決して朕の意志ではない。日本帝国が韓国の保全を重視してきたのは、昨日今日の話ではない。我が国と韓国は何世代にもわたって関わりをもっていたというだけでなく、韓国の存亡は日本帝国の安全保障に直接関係するからでもある。ところが、ロシアは、清国と締結した条約や諸外国に対して何度も行ってきた宣言に反して、今だに満州を占拠しており、満州におけるロシアの権力を着実に強化し、最終的にはこの土地を領有しようとしている。仮に満州がロシア領になってしまえば、我が国が韓国の保全を支援したとしても意味がなくなるばかりか、東アジアにおける平和はそもそも期待できなくなってしまう。従って、朕はこうした事態に際して、何とか妥協しながら時勢のなりゆきを解決し、平和を末永く維持したいとの決意から、部下をおくってロシアと協議させ、半年の間くりかえし交渉を重ねてきた。ところが、ロシアの交渉の態度には譲り合いの精神はまったくなかった。ただいたずらに時間を空費して問題の解決を先延ばしにし、表で平和を唱えながら、陰では陸海の軍備を増強して、我が国を屈服させようとした。そもそもロシアには、始めから平和を愛する誠意が少しもみられない。ロシアはこの時点になっても日本帝国の提案に応じず、韓国の安全は今まさに危険にさらされ、日本帝国の国益は脅かされようとしている。事態は、既にここまで悪化しているのである。日本帝国は平和的な交渉によって将来の安全保障を得ようとしたが、今となっては軍事によってこれを確保するしかない。朕は、汝ら国民が忠実にして勇敢であることを頼みとして、速やかに永久的な平和を回復し、日本帝国の栄光を確たるものとすることを期待する。

◎日清戦争の宣戦詔書

天佑ヲ保全シ万世一系ノ皇祚ヲ践メル大日本帝国皇帝ハ忠実勇武ナル汝有衆ニ示ス

朕茲ニ清国ニ対シテ戦ヲ宣ス　朕カ百僚有司ハ宜ク朕カ意ヲ体シ陸上ニ海面ニ清国ニ対シテ交戦ノ事ニ従ヒ以テ国家ノ目的ヲ達スルニ努カスヘシ　苟モ国際法ニ戻ラサル限リ各々権能ニ応シテ一切ノ手段ヲ尽スニ於テ必ス遺漏ナカラムコトヲ期セヨ

惟フニ朕カ即位以来茲ニ二十有余年文明ノ化ヲ平和ノ治ニ求メ事ヲ外国ニ構フルノ極メテ不可ナルヲ信シ有司ヲシテ常ニ友邦ノ誼ヲ篤クスルニ努カセシメ幸ニ列国ノ交際ハ年ヲ逐フテ親密ヲ加フ　何ソ料ラム清国ノ朝鮮事件ニ於ケル我ニ対シテ著著鄰交ニ戻リ信義ヲ失スルノ挙ニ出テムトハ

朝鮮ハ帝国カ其ノ始ニ啓誘シテ列国ノ伍伴ニ就カシメタル独立ノ一国タリ　而シテ清国ハ毎ニ自ラ朝鮮ヲ以テ属邦ト称シ陰ニ陽ニ其ノ内政ニ干渉シ其ノ内乱アルニ於テ口ヲ属邦ノ拯難ニ籍キ兵ヲ朝鮮ニ出シタリ

朕ハ明治十五年ノ条約ニ依リ兵ヲ出シテ変ニ備ヘシメ更ニ朝鮮ヲシテ禍乱ヲ永遠ニ免レ治安ヲ将来ニ保タシメ以テ東洋全局ノ平和ヲ維持セムト欲シ先ツ清国ニ告クルニ協同事ニ従ハムコトヲ以テシタルニ清国ハ翻テ種々ノ辞柄ヲ設ケ之ヲ拒ミタリ

帝国ハ是ニ於テ朝鮮ニ勧ムルニ其ノ秕政ヲ釐革シ内ハ治安ノ基ヲ堅クシ外ハ独立国ノ権義ヲ全クセムコトヲ以テシタルニ朝鮮ハ既ニ之ヲ肯諾シタルモ清国ハ終始陰ニ居テ百方其ノ目的ヲ妨碍シ剰ヘ辞ヲ左右ニ托シ時機ヲ緩ニシ以テ其ノ水陸ノ兵備ヲ整ヘ一旦成ルヲ告クルヤ直ニ其ノ力ヲ以テ其ノ欲望ヲ達セムトシ更ニ大兵ヲ韓土ニ派シ我艦ヲ韓海ニ要撃シ殆ト亡状ヲ極メタリ

則チ清国ノ計図タル明ニ朝鮮国治安ノ責ヲシテ帰スル所アラサラシメ帝国カ率先シテ之ヲ諸独立国ノ列ニ伍セシメタル朝鮮ノ地位ハ之ヲ表示スルノ条約ト共ニ之ヲ蒙晦ニ付シ以テ帝国ノ権利利益ヲ損傷シ以テ東洋ノ平

和ヲシテ永ク担保ナカラシムルニ存スルヤ　疑フヘカラス　熟々其ノ為ス所ニ就テ深ク其ノ謀計ノ存スル所ヲ揣ルニ実ニ始メヨリ平和ヲ犠牲トシテ其ノ非望ヲ遂ケムトスルモノト謂ハサルヘカラス

事既ニ茲ニ至ル　朕平和ト相終始シテ以テ帝国ノ光栄ヲ中外ニ宣揚スルニ専ナリト雖亦公ニ戦ヲ宣セサルヲ得サルナリ　汝有衆ノ忠実勇武ニ倚頼シ速ニ平和ヲ永遠ニ克復シ以テ帝国ノ光栄ヲ全クセムコトヲ期ス

御　名　御　璽

明治二十七年八月一日

【口語訳】

天の助力を完全に保ってきた万世一系の皇位を受け継いだ大日本帝国の皇帝は、忠実にして勇武なる汝ら国民に示す。余は、ここに、清国に対して宣戦を布告する。余の政府関係者・官僚・役人のすべては、宜（よろし）く余の意志を体し陸上にあっても海上にあっても清国に対しては交戦に従事しそれをもって国家の目的を達成するよう努力すべし。いやしくも国際法に抵触しない限り各員、その立場と能力に応じてあらゆる手段をつくして漏れ落ちるところの無いように心を定めよ。余が深く考えるに余の即位以来二十有余年の間、文明開化を平和な治世のうちに求め、外国と事を構えることは極めてあってはならないことと信じ、政府に対して常に友好国と友好関係を強くするよう努力させた。幸（さいわい）に、諸国との交際は年をおうごとに親密さを加えてきた。どうして予測できたであろうか。清国が、朝鮮事件によってわが国に対し隠すところのない友好関係にそむき信義を失なわせる挙に出ようとは。朝鮮は、帝国が、そのはじめより、導き誘って諸国の仲間となした一独立国である。しかし清国はことあるごとに自ら朝鮮を属国であると主張し、陰に陽に朝鮮に内政干渉し、そこに内乱が起こるや属国の危機を救うという口実で朝鮮に対し出兵した。余は、明治十五年の済物浦条約により、朝鮮に兵を出して事変に備えさせ、更に朝鮮から戦乱を永久になくし、将来にわたって治安を保ち、それをもって東洋全域の平和を維持しようと欲し、まず清国に（朝鮮に関しては）協同で事にあたろうと告げたのだが、清国は態度を変え続け、さまざまないい訳をもうけてこの提案を拒んだ。帝国は、そのような情勢下で、朝鮮に対して、その悪政を改革し国内では治安の基盤を堅くし、対外的には独立国の権利と義務を全うすることを勧め、朝鮮は既にその勧めを肯定し受諾したのにもかかわらず、清国は終始、裏にいて、あらゆる方面から、その目的を妨害し、それどころか（外交上の）言を左右にしながら口実をもうけ、時間をかせぐ一方、（自国の）水陸の軍備を整え、それが整うや、ただちにその戦力をもって（朝鮮征服の）欲望を達成しようとし、更に大軍を朝鮮半島に派兵し、我が海軍の艦を黄海に要撃し（豊島沖海戦で日本海軍に敗れ）ほとんど壊滅の極となった。すなわち、清国の計略は、あきらかに朝鮮国の治安の責務をになうものとしての帝国を否定し、帝国が率先して、独立諸国の列に加えた朝鮮の地位を、それらを明記した天津条約と共に、めくらましとごまかしの中に埋没させ、帝国の権利、利益に損害を与え、東洋の永続的な平和を保障できなくすることにある。これは疑いようがない。よくよく清国の為す所に関して、そのたくらみごとのありかを深く洞察するならば、実に最初から（朝鮮はじめ東洋の）平和を犠牲にしてでもその非常なる野望を遂げようとしていると言わざるをえない。事は既にここまできてしまったのである。余は、平和であることに終始しそれをもって帝国の栄光を国内外にはっきりと顕現させることに専念しているのではあるけれど、その一方で、公式に宣戦布告せざるをえない。汝ら、国民の忠実さと勇武さに寄り頼み、速（すみやか）に、この戦争に勝って以前と同じ平和を恒久的に取り戻し、帝国の栄光を全うすることを決意する。

幕末・明治維新以降の主な戦争

一八六四年（元治元年）	馬関戦争（下関戦争）…英、仏、米、蘭の連合艦隊が下関の砲台を攻撃して攘夷派を屈服させた事件
一八六三年（文久三年）	薩英戦争…生麦事件の解決を迫るイギリスと薩摩藩の間で戦われた鹿児島湾における戦闘（戦死は非戦闘員九人）
一八六八年（慶応四年）	戊辰戦争…明治政府を樹立した薩摩・長州藩を中核とした新政府軍と旧幕府勢力・奥羽越列藩同盟が戦った内戦（鳥羽・伏見の戦いから一八六九年＝明治二年＝の箱館戦争まで戦死者八、四二〇人）
一八七七年（明治一〇年）	西南戦争…西郷隆盛を盟主にして南九州で起こった士族による武力反乱（戦死者六、八〇〇人）
一八九四年（明治二七年）	日清戦争（戦死者一三、八二四人）
一九〇四年（明治三七年）	日露戦争（戦死者八八、四二九人）
一九一四年	第一次世界大戦（戦死者九九二万人、戦傷者二、一二二万人、行方不明七七五万人）。ドイツ一七七万四〇〇〇人、ロシア一七〇万人、フランス一三六万三〇〇〇人、オーストリア一二〇万人、イギリス九〇万八〇〇〇人、イタリア六五万人、アメリカ一二万六〇〇〇人、日本三〇〇人（アメリカ陸軍省調べなど）
一九三一年（昭和六年）	満州事変（柳条湖事件）
一九三二年（昭和七年）	上海事変
一九三七年（昭和一二年）	盧溝橋事件～日中戦争。日本軍の戦死者四六万人、中国人一三〇万～三、五〇〇万人
一九四一年～一九四五年	太平洋戦争（第二次世界大戦）。戦死者六、二〇〇万人＝軍人二、五〇〇万人、民間人三、七〇〇万人（日本…軍人二三〇万人、市民八〇万人）。※日本の兵員のうち朝鮮・台湾の兵員犠牲者、約五万を含む

戦後の世界における戦争・紛争

一九四五年～一九四九年	インドネシア独立戦争
一九四五年～一九五四年	第一次インドシナ戦争
一九四六年～一九四九年	ギリシャ内戦
一九四八年～一九七一年	印パ戦争（第一次～第三次）
一九四八年～一九七三年	中東戦争（イスラエル・アラブ戦争）
一九四八年	第一次中東戦争
一九五六年	第二次中東戦争
一九六七年	第三次中東戦争
一九七三年	第四次中東戦争
一九四八年～	パレスチナ紛争
一九四八年～	ミャンマー紛争
一九四九年～	東トルキスタン紛争
一九五〇年～一九五一年	チベット紛争
一九五〇年～一九五三年	朝鮮戦争
一九五四年～一九六二年	アルジェリア戦争
一九五五年～一九七二年	第一次スーダン内戦
一九五六年	ハンガリー動乱
一九五九年	チベット動乱
一九五九年～一九六二年	中印国境紛争
一九五九年～一九七五年	ラオス内戦
一九六〇年～一九六五年	コンゴ動乱
一九六〇年～一九九六年	グアテマラ内戦
一九六〇年～一九七五年	ベトナム戦争（第二次インドシナ戦争）
一九六一年	キューバ危機
一九六一年	クウェート出兵
一九六一年	ゴア紛争
一九六一年～一九六二年	西イリアン紛争
一九六二年～一九六九年	北イエメン内戦
一九六二年～一九六三年	ベネズエラの反乱
一九六三年～一九六八年	アルジェリア・モロッコ国境紛争
一九六三年～一九六四年	キプロス内戦
一九六三年～一九六六年	マレーシア紛争（インドネシアのボルネオ介入）
一九六四年～	コロンビア紛争
一九六五年	ドミニカ共和国内戦
一九六五年～一九七九年	南ローデシア紛争
一九六五年～一九八四年	チャド内戦
一九六七年～一九七〇年	ビアフラ戦争
一九六八年	プラハの春（ソ連のチェコ介入）
一九六九年	中ソ国境紛争
一九六九年	サッカー戦争
一九六九年～一九九八年	北アイルランド紛争
一九六九年～	フィリピン紛争
一九七〇年	ヨルダン内戦（黒い九月事件）
一九七一年～一九九二年	カンボジア内戦

一九七一年～	カシミール紛争
一九七四年	キプロス紛争
一九七五年～一九八九年	ナミビア独立戦争
一九七五年～一九九〇年	レバノン内戦
一九七五年	インドネシアの東ティモール侵攻
一九七五年～二〇〇二年	アンゴラ内戦
一九七七年～一九七九年	ウガンダ・タンザニア戦争
一九七八年	カンボジア・ベトナム戦争
一九七八年～一九八八年	オガデン戦争（エチオピアソマリア戦争）
一九七九年～	西サハラ紛争
一九七九年	中越戦争
一九七九年～一九八九年	ソ連のアフガニスタン侵攻
一九八〇年～一九九〇年	ニカラグア内戦
一九八〇年～一九九二年	エルサルバドル内戦
一九八〇年～一九八八年	イラン・イラク戦争
一九八二年	フォークランド紛争（マルビーナス戦争）
一九八三年～二〇〇四年	第二次スーダン内戦
一九八三年	グレナダ侵攻
一九八三年～二〇〇二年	スリランカ内戦
一九八四年	中越国境紛争
一九八六年～一九八七年	トヨタ戦争（チャド・リビア）
一九八七年～	ブルンジ内戦
一九八八年～	ナゴルノ・カラバフ紛争

一九八九年～二〇〇一年	アフガニスタン内戦
一九八九年～一九九二年	第一次オセチア紛争
一九八九年	パナマ侵攻
《冷戦後》	
一九八九年～一九九〇年	エチオピア内戦
一九八九年～一九九六年	リベリア内戦
一九九〇年～一九九四年	ルワンダ紛争
一九九〇年～一九九一年	湾岸戦争
一九九一年～二〇〇一年	シエラレオネ紛争
一九九一年～二〇〇〇年	ユーゴスラビア紛争
一九九一年	十日間戦争（スロベニア独立戦争）
一九九一年～一九九五年	クロアチア戦争
一九九二年～一九九五年	ボスニア紛争
一九九一年～二〇〇一年	ジブチ内戦
一九九一年～	ソマリア内戦
一九九二年～	オセチア・イングーシ紛争
一九九二年～一九九四年	アブハジア紛争（グルジアからの独立）
一九九二年～	アルジェリア紛争
一九九四年	イエメン内戦
一九九四年～一九九六年	第一次チェチェン紛争
一九九七年～二〇〇〇年	エチオビア・エリトリア国境紛争
一九九八年	東ティモール紛争
一九九八年～二〇〇一年	ポソ宗教戦争（インドネシア中部）
一九九九年	カルギル紛争(印パカシミール紛争)

一九九九年～二〇〇〇年	コソボ紛争
一九九九年～二〇〇九年	第二次チェチェン紛争
二〇〇〇年～	インドネシア紛争
二〇〇一年	マケドニア紛争
二〇〇一年～	アメリカのアフガニスタン侵攻（対テロ戦争）
二〇〇一年～	パキスタン紛争
二〇〇二年～二〇〇三年	コートジボワール内戦
二〇〇三年	リベリア内戦
二〇〇三年～二〇一〇年	イラク戦争
二〇〇三年～	ダルフール紛争
二〇〇四年～	タイ紛争
二〇〇四年～	ワジリスタン紛争（アフガン・パキスタン）
二〇〇六年	東ティモール内乱
二〇〇六年	イスラエルのガザ・レバノン侵攻
二〇〇六年	エチオピアのソマリア侵攻
二〇〇六年～二〇〇九年	スリランカ内戦
二〇〇八年	第二次南オセチア紛争（グルジア紛争）
二〇〇八年～二〇〇九年	イスラエルのガザ紛争
二〇一一年～	シリア内戦

おわりに

戦後七十年を超えた日本は、主権在民の人権尊重と平和を旨とする憲法を持ちながら、冤罪の多発、憲法9条の骨抜きという、まるで人権と平和を否定するかのような国家になっています。福島原発爆発事故に対する反省無き原発再稼働は、呆れるほどの能天気な国家の顔を世界に見せています。

人間の国家として憂慮すべきこの事態は、国家存立の土台である日本国憲法とは何かという根源的な疑問を投げかけます。

コロンブスのアメリカ大陸「発見」から一世紀を少し過ぎた頃、日本で徳川政権が誕生します。秀吉のアジア侵略の破綻に学んだ徳川政権は、西洋の世界植民活動を後目に、海外に軍隊を出さない二六七年の平和な時間を日本の歴史に刻みます。「Ｐａｘ－Ｔｏｋｕｇａｗａｎａ」の、文字通りの徳川の平和は、日本国憲法9条の江戸版と言えます。しかしながら日本は徳川政治体制を解体し、日本の歴史形成を中国文明から西洋文明摂取にリセットします。国家の大改革であった明治維新は、日本の歴史基盤となり、以後、日本の国家・国民を規定し現在に至ります。

明治維新は徳川政治が三世紀近くかけて育てた平和思想を放擲し、再び戦争が出来る国に日本を変えます。

西洋は、キリスト教文明の神の国の連合体です。西洋文明摂取で国家作りを決めた日本は、日本も神の国になる作業に着手します。

キリスト教は、唯一絶対神のユダヤ教から生まれた宗教です。キリスト教は、ユダヤ教の一改革者であったイエスを神にします。紀元前六〇〇年頃に誕生したユダヤ教の神の名は、ヤハウェ（YHWH）と言います。この神の名は、ヘブライ語の動詞「ある」から生まれています。ヤハウェは、神は本質的に存在した唯一絶対的な存在であるという、強烈な観念を有した目に見えない神秘の神です。ユダヤ教から生まれたイスラム教の唯一絶対神アッラーも、目に見えない神です。キリスト教は、死んだイエスを十字架にはりつけ、目に見える神にします。日本は、生きた天皇を現人神として誕生させ、神の国・にっぽんを作り出します。

明治維新の政治家たちは、西洋の神の歴史を大変よく研究します。日本で使われている「皇紀二六〇〇年」は、ユダヤ教に始まった長い神の歴史を意識したものです。日本の二六〇〇年前は弥生時代で、卑弥呼もいなければ大和政権の誕生もありません。神武天皇に始まる万世一系の歴代天皇系図は、新約聖書の冒頭を飾る「アブラハムの子孫、ダビデの子孫、イエス・キリストの系図」に学んだものです。因みに、天皇という言葉はもともと中国のもので、日本は六世紀から七世紀の初めにかけ、覇者の称号として使うようになります。日本は西洋に匹敵する神の国になるため、日本の神作りに心血を注ぎます。

日本の唯一絶対神は、法を使った大変ユニークな方法で誕生します。ニケーア公会議（三二五年）が、イエスの神格化を行ったように、天皇の神格化は明治憲法が行います。憲法は国家の最高法ですが、国民という一般大衆と結びついた世俗性があります。神は人間を超越した存在ですから、憲法を超えた一指も触れさせない法が必要になります。そこで考え出されたのが、「性と権力」の書である古事記・日本書紀の聖書化です。伊藤博文は『憲法義解』でこれを行い、天皇神の歴史をアピールします。伊勢神宮が日本のエルサレムを担い、靖国神社が日本のバチカンを担って、神の国・にっぽんは始動します。日本は西洋の世界植民活動がキリスト教と一体なのに見習い、現人神と共にアジア侵略に乗り出します。アジア各地に日本の侵略神社が建立され、アジアの人々に礼拝を強います。

最後に見落としてならないのが、法とともにある天皇が有する法思想（概念）です。明治憲法は天皇に対し、天皇行為に一切の法的責任無しという権能を賦与します。この機能賦与は、天皇に行われた天皇＝無答責の概念規定です。明治憲法はまた、天皇に国家主権を賦与し、国家無答責という日本の統治原理思想を生み出します。憲法は、国家の統治体制を定めた基礎法です。国家無答責は、日本の憲法の基礎精神になります。国家無答責は、それまでの日本の政治になかった思想です。日本の新たな政治思想は、明治憲法のもとではまだ蕾でしたが、日本国憲法のもとで大きく開花します。日本国憲法は、天皇の概念解除も皇室典範の廃棄も行っていないので、明治憲法が生んだ日本の政治思想を、主権の存する国民の総意で引き継いでいます。法治国家の日本にとって天皇とは何かというと、国家の統治原理を意味する法思想なのです。天皇は、明治憲法により法律用語になります。法の束縛から天皇を解放しない限り、天皇に人間の自由が訪れることはないでしょう。

とにもかくにも、日本の裏技法思想の凄さには脱帽します。しかし天皇と一体となった日本の統治原理思想は、天皇という六十兆個の細胞を持つ生身の人間とセットになった国家思想ですから、天皇の精神のあり方に影響されるという難点があります。二〇一六年の「天皇のおことば」は、日本の国家思想を揺さぶることになります。朝日新聞（二〇一六年十二月七日夕刊）は、平成天皇よりも以前に揺さぶった皇族がいたことを、次のように伝えています。

故・三笠宮さまが戦後間もない頃につづった意見書が、天皇陛下の退位をめぐる議論が続くなか、注目を集めている。……意見書は「新憲法と皇室典範改正案要綱（案）」。終戦翌年の一九四六年十一月、皇室典範改正を審議していた枢密院に提出された。……「皇位継承」の章では「『死』以外に譲位の道を開かないことは新憲法第一八条の『何人も、いかなる奴隷的拘束も受けない』という精神に反しはしないか？」と疑問を投げかけた。また、天皇が象徴で無答責（責任をもたなくてよい）だからといって、どんな人物でもよいのであれば「日の丸の旗の方が余程ましである」と言及。従来の天皇の姿を「国民の前に全くヴェールをかけて現人神として九重の奥深く鎮まり給う」と記した。そのうえで、将来に予測される天皇像は、「性格・能力、健康、趣味、嗜好、習慣癖ありとあらゆるものを国民の前にさらけ出して批判の対象にならねばならぬ」と指摘。……手続きについては、天皇が皇室会議に譲位を発議できるようにすることを提案。この自由を認めないならば「天皇は全く鉄鎖につながれた内閣の奴隷と化する」と厳しく批判した。

安倍内閣は、歴代のどの内閣よりも、鉄鎖につながれた内閣の奴隷化を天皇に強いています。それはまた、主権の存する日本国民の総意で行われているということです。安倍首相は、日本の戦争責任について「国際的には戦争犯罪者であっても、国内的には処罰する法律がないので犯罪者にあたらない。東京裁判で処理済みである」（二〇〇六年国会答弁）と発言しました。この発言は日本の統治原理思想・国家無答責から導き出されています。国家の構成員は、国民という人間です。人間の国家であるならば、自分の犯した罪に責任を取るのが当たり前です。しかし日本は、人間の国ではないのです。かって森喜朗元首相が「日本は天皇を中心にする神の国」と言ったように、日本は人間の国ではなく、日本国憲法第1条のもとに結集する一億二千万人の神々が住む、神の国なのです。神は人間ではないので責任の必要がないと、日本人は考えるのでしょうか?

結局、天皇制とは、天皇というひとりの生身の人間に統治原理を背負わせ、国民の政治責任をカムフラージュする制度といえます。日本国民の総意による天皇制は、日本国民の無情・非情の象徴といえます。権利と義務の主体である人格を持った人間が、支配の道具として法化されるなどということは、本来、あってはならないことです。日本は、人間の道に悖ることを行っています。日本の統治原理思想は、世界をつなぐ人権思想と相容れない思想です。日本の政治は、富国強兵を語っても人権は語りません。世界広しといえども、生きた人間を神にして憲法に引き入れているのは日本だけです。「天皇のおことば」が、この異常な国制（性）から脱皮する起爆剤になるかどうか。偏《ひとえ》に国民の総意にかかっています。

一九九一年、日本社会の片隅で人間の小さな集まり、日本答責会議が誕生します。小さな集まりは、「私たち答責会議は、人間の尊厳とその不可侵をもって、人間の根源的なあり方あり様を考え、それに基づいて、人間社会の諸事象に応答していこうと考える者たちの集まりである」ことを、集まりの基礎精神に置きます。

最後に日本答責会議のメンバー、彌永昌吉（数学）、寿岳章子（言語学）、祖父江孝男（文化人類学）、弓削達（歴史学）の、今は亡き諸先生方に本書を捧げたいと思います。

山田　悦子

［執筆者一覧］

弓削　達（ゆげ・とおる）
1924年生、2006年没
元フェリス女学院大学学長
東大名誉教授
古代ローマ史

高橋　宣光（たかはし・のぶみつ）
1941年生
元ラジオテレビ局勤務
現在は障害者団体の役員

玉光　順正（たまみつ・じゅんしょう）
1943年生
僧侶

高田　千枝子（たかだ・ちえこ）
1946年生
元練馬区議

関屋　俊幸（せきや・としゆき）
1950年生
元サンテレビ勤務

山田　悦子（やまだ・えつこ）
1951年生
冤罪甲山事件元被告人

唯　言――戦後七十年を越えて

2018年11月1日　初版第1刷発行

編著者――弓削達／高橋宣光／玉光順正／高田千枝子／関屋俊幸／山田悦子
発行者――松岡利康
発行所――株式会社鹿砦社（ろくさいしゃ）
●本社／関西編集室
兵庫県西宮市甲子園八番町2－1　ヨシダビル301号　〒663-8178
Tel. 0798-49-5302　Fax. 0798-49-5309
●東京編集室／営業部
東京都千代田区神田三崎町3－3－3　太陽ビル701号　〒101-0061
Tel. 03-3238-7530　Fax. 03-6231-5566
URL　http://www.rokusaisha.com/
E-mail　営業部○ sales@rokusaisha.com
編集部○ editorial@rokusaisha.com

印刷：吉原印刷株式会社／製本：株式会社鶴亀製本／装幀：鹿砦社デザイン室

Printed in Japan　ISBN978-4-8463-1268-8　C0030